KB236293

동양어휘사전

동양어휘사전

초판 1쇄 발행	2012년 11월 30일
지은이	이상실
펴낸이	한승수
펴낸곳	문예춘추사
편집	오미연
마케팅	김승룡
일러스트	김영진
디자인	래빗북스
등록번호	제300-1994-16
등록일자	1994. 1. 24
주소	서울특별시 마포구 연남동 565-15 309호
전화	02 338 0084
팩스	02 338 0087
E-mail	moonchusa@naver.com
ISBN	978-89-7604-095-4 14700
	978-89-7604-093-0 14700 (세트)

*책값은 뒤표지에 있습니다

Victory 지식사전 ②

청소년을 위한 이야기

동양 어휘사전

이상실 지음

문예춘추사

책을 펴내며

'차이'를 만드는 차진 어휘의 보고

〈첫째 어휘군〉 나만의 '깊이'를 만드는 사상 · 철학

무위자연 10 천상천하유아독존 12 백팔번뇌 14 일체유심조 16 인의예지 18 물아일체 20 중용의 도 22 심우도 24 극락왕생 26 중화사상 28 음양오행 30 일월성신 32 풍수지리 34 홍익인간 36 동학사상 38 요가 40 아힘사 42 주역 44 우파니샤드 46 민족주의 48 사무라이 정신 50 오리엔탈리즘 52

〈둘째 어휘군〉 다채로운 삶의 빛깔에 물들어라

맹모삼천지교 56 만다라 58 아수라장 60 이판사판 62 야단법석 64 사이비 66 철옹성 68 미인계 70 서유기 72 삼국지 74 사오정 76 수호지 78 금병매 80 무릉도원 82 손자병법 84 옹고집 86 가루지기 88 아큐정전 90 설국 92 신춘문예 94 사주팔자 96 사춘기 98 천자문 100 열녀 102 통섭 104 집단이기주의 106

〈셋째 어휘군〉 살아 있는 역사의 외침을 들어라

춘추전국시대 110 제자백가 112 백가쟁명 114 대장정 116 서경천도운동 118 붕당정치 120 탕평책 122 분서갱유 124 문화대혁명 126 과거사 청산 128 동북공정 130 식민지 근대화론 132 활빈당 134 정한론 136 서유견문 138 주체사상 140 지역감정 142 팔만대장경 144 사서삼경 146 사기 148 일본군위안부 150 이웃종교 152 메이지유신 154 사화 156 4·19혁명 158 양심수 160

〈넷째 어휘군〉 '유식'의 즐거움, 언어의 묘를 깨쳐라

오십보백보 164   흑백논리 166   염화미소 168   배수진 170
백안시 172   천리안 174   파죽지세 176   미봉책 178   자충
수 180   경국지색 182   파천황 184   금상첨화 186   화룡점
정 188   유언비어 190   도원결의 192   자가당착 194   촌철
살인 196   백척간두 198   견강부회 200   색즉시공공즉시
색 202   필요악 204

〈다섯째 어휘군〉 사회적·지구적 인간으로 거듭나라

다문화가정 208   국가보안법 210   웰빙 212   군산복합체 214   교토의정서 216   한류 218
고령화사회 220   내부고발자 222   신용불량 224   88만원 세대 226   왕따 228   성희롱
230   집단지성 232   양심적 병역거부 234   대안교육 236   사회적 기업 238   된장녀 240
귀농 242   영어공용화 244   성적 소수자 246   탈핵 248   오타쿠 250   구조조정 252

찾아보기 254

‘차이’를 만드는
차진 어휘의 보고

《무소유》라는 책으로 유명한 법정스님은 살아생전 마지막 법문을 마치면서 이렇게 말씀하셨다. “나머지 좋은 말은 저 바깥의 꽃들과 나무들에게 들으십시오.”

하지만 저 바깥의 꽃들과 나무들이 들려주는 좋은 말씀은 아무나 들을 수 있는 것이 아니다. 충분히 열린 마음의 소유자라야 들을 수 있는 것. 그렇다면 우리는 어떻게 그런 성찰적 인간이 될 수 있는 걸까?

견강부회하는 듯하지만, 아마도 풍부한 어휘의 세례를 받은 사람이라야 풍성하고 넉넉한 심성을 갖게 되는 것 아닐까? 법정스님도 책읽기에서만큼은 소유의 욕망을 놓지 않으셨으니.

그리고 심성을 가꾸는 어휘라고 하면 단연 동양을 배경으로 탄생한 깊이감 있는 어휘들을 꼽을 수 있겠다. 동양적 가치를 갖는 어휘들은 서양 배경의 어휘들과는 다른 ‘맛’과 ‘멋’을 지니고 있으니, 이들 어휘의 마력은 여러분들 사유의 지평을 한껏 확장시켜줄 것이다.

　사실상 어떤 의미에서건 경쟁력은 ‘차이’에서 오는 것이다. 남과 다른 나만의 ‘차이의 힘’이 나를 두드러지게 하는 것. 앞으로 청소년들의 능력을 평가한다는 것은 점점 더 바로 이 ‘차이’ 능력을 평가하는 방향으로 나아갈 텐데, 이 책 속 동양어휘들이야말로 이 ‘차이’를 만드는 데 가장 막강한 위력을 갖는 기본기라 할 수 있겠다.

　‘생각을 위한’ ‘생각을 만드는’ 동양어휘 전체는 다섯 어휘군으로 구성되었다. 우선 나만의 ‘깊이’를 만드는 사상과 철학의 어휘들이 있고, 다채로운 삶의 생생한 현장을 만끽할 수 있는 어휘들, 살아 있는 역사의 외침을 들을 수 있는 어휘들, 언어의 묘미가 유별난 어휘들, 그리고 스스로가 보다 더 큰 인간으로 거듭날 수 있는 어휘들이 대거 포진해 있다.

　윌리엄 블레이크라는 시인은 ‘하나의 모래알’에서 ‘하나의 세계’를 보았다고 노래했는데, 이 책 속에 실린 동양어휘들 또한 하나의 어휘마다에서 하나의 세계를 느낄 수 있는 값진 어휘들이다. 부디 이들 어휘의 보고에서 길어 올린 어휘력으로 여러분들 삶의 능력이, 또한 당장의 시험 능력까지도 조금씩, 가능한 활짝 키워질 수 있기를 바란다.

이상실

나만의 '깊이'를 만드는 사상·철학

아무 욕심 없는
삶의 지혜

'자연'이란 말을 풀면 '스스로 그러함'인데, 그러함은 어찌함을 뜻하는지? 바로 존재함을 말한다. 그러니까 자연은 스스로 존재하는 것, 나무·풀·돌·나무·시내·하늘 등을 말하는데, 만물의 본래 성질이나 모습에 어긋남이 없는 것, 즉 처음 있었던 그대로의 것을 말한다. 그리고 '무위'는 억지로 하지 않는 것, 자연에 거스르지 않는 것을 말하는데, 여기에는 자연을 지키고자 하는 능동적이고도 적극적인 의미가 들어 있지만 결국 자연과 무위는 의미상으론 같은 말이다. 같은 말이 중복되어 강조된 셈.

무위자연은 도가의 중심사상으로 노자가 강조한 말이다. 노자왈 "성인(聖人)은 만물이 스스로 본성에 순응하려는 것을 도와줄 뿐 의도적으로 행하지 않는다"고 했다. 노자가 설파한 '무위자연의 도'란 인위적으로 꾸미거나 억지로 가공하지 않고 자연의 성질이나 모습을 지키는 것을 말한다. 그렇다면 이는 어떻게 실천할 수 있는 걸까? 우선 그 누구와도 다투지 않고 소유하거나 집착하지 않으며 자

|첫째 어휘군|
나만의 '깊이'를 만드는 사상 철학

랑하지도 말고 욕심내지 않는 생활을 해야 한다. 그야말로 매사에 초탈한 성인다워야 실로 무위자연을 행할 수 있는 것.

그런데 이렇게만 살면 사람들과의 치열한 경쟁사회에서 어찌 살아남을 수 있을 것인가? 자연 속에서만 살 수도 없는 일. 그래서 노자님의 이 사상은 역사 속에서 늘 도전받았으니, 바로 유가사상에게 말이다. 유가사상은 현실 속에서 살아남고자 태어난 것으로 사람들과 섞여 살면서도 다툼을 만들지 않는 법을 고민한 사상이다. 유가는 목적 추구의 의식적 행위인 유위(有爲)를 말하고 도가는 이를 위선이라 하며 역설적으로 무위에서야말로 진정한 완성이 있다고 하며 두 사상은 중국역사에서 계속 부딪히는데, 사람들은 언제나 온전히 한쪽 말만 듣지는 않는다. 한쪽 말에 크게 귀 기울이는 때가 있긴 하지만 지금도 동양 사람들 생활 속에는 유가적이고 도가적인 삶의 양상이 공존해 있는 것이다. 하지만 느림의 미학이 중요시되는 요즈음, 대세는 무위자연 아닐까?

 **빛나는 한 줄 어휘**

모든 인위를 거부하고 무위자연을 추구하는 삶이 점점 늘어나는 추세인 것 같아.

11

소중한 생명을 일깨우는 사자후

말이란 문맥을 잘 살펴서 뜻을 헤아려야 하는 법. 문맥을 살피지 않고 달랑 한 구절만 똑 떨어뜨려놓고 보면 그 의미가 원래 의도와 상관없이 와전되는 경우가 많다. '천상천하유아독존'이 그렇다. 이 말은 석가가 태어났을 때 외쳤다고 하는 탄생게다. 석가모니 붓다는 마야부인 왼쪽 겨드랑이에서 태어났다는데, 태어나자마자 일곱 발자국을 걸어가 오른손은 하늘을 가리키고 왼손은 땅을 가리키며 "하늘 위와 하늘 아래 오직 내가 홀로 존귀하다. 삼계가 모두 고통이니 내 마땅히 이를 편안케 하리라"고 했다는 것. 여기서 앞부분의 뜻이 잘못 전해져 천하에 자기만큼 잘난 사람은 없다고 자부하거나 또는 그런 아집을 가진 사람을 비꼬는 말로 쓰이게 된 것인데, 이는 아예 '유아독존'이라고만 써서 기고만장, 교만의 대명사로 해석되기도 한다.

하지만 어찌 위대한 성인이 태어나면서부터 잘난 체를 했겠는가. 실상은 이렇다. '유아독존'의 '나'는 석가 개인을 가리키는 것이 아니라 '천상천하'에 있는 모든 존재를 가리키는 것. 그러니까 이 말은 모든 생명의 존엄성과 인간의 존귀한 실존성을 상징하는 것. 석가가 이 땅에 온 뜻은 바로 그 모든 존재에게 각자의 존엄성을 깨우치게 해 고통 속에서 구제하고 인간 본래의 성품인 '참된 나'를 찾을 수 있도록 하기 위해서인 것이다. 여기서 삼계(三界)란 천상·인간·지옥계를 말하며 일곱 걸음을 걸어갔다는 것은 육도윤회 즉 고통에서 벗어났음을 뜻하는 것인데, 결국 이 말은 이런 뜻이다. "모든 인간에겐 참된 본성이 있다는 것을 내가 깨닫게 해주리. 그래서 고통뿐인 이 세상을 환희로 가득 차게 해주겠음."

그러니까 이 말은 만민평등사상, 생명사상을 담고 있는 말인 것이다. 그런데 어떻게 붓다께선 사람들에게 호소하는 능력을 타고나셨는지? 무릇 성인이란 그런 것이겠지만. 여기서 붓다의 연설능력을 표현하는 멋진 말 또한 등장하는데 그것이 바로 '사자후'다. 붓다의 설법을 사자 포효에 비유한 것인데 붓다의 설법에 모든 악마가 굴복하고 귀의했다는 데서 유래한 말로 지금은 열변을 토하는 연설을 가리키는 말로 쓰인다.

유아독존식 사고방식은 불교적 가치인 자비정신과는 대척점에 있는 나쁜 버릇이야.

나를 괴롭히는 소견머리와 버르장머리

삶은 고통일까? 지금 자신이 처한 상황에 따라 그렇기도 하고 아니기도 할 것이며 누구도 삶이 처음부터 끝까지 고통뿐이라고는 생각지 않을 것이다. 그런데 불교에서 말하는 삶은 처음부터 끝까지가 고통이다. 사람이라면 누구나 겪는 생로병사, 즉 태어나고 늙고 병들고 죽는 것이 모두 괴로움일 뿐.

백팔번뇌는 이 괴로움을 표현하는 대표명사로서 '삶은 고통'임을 뼈아프게 웅변할 때 쓰이는 말이다. 그런데 무슨 번뇌가 108개나 될까? 이에 대해서는 여러 가지 설이 있지만 일반적 해석은 이렇다. 사람에겐 눈, 귀, 코, 혀, 몸, 뜻(마음) 여섯 감각기관이 있는데 이 감관이 어떤 대상을 접하면 저마다 좋다, 나쁘다, 그저 그렇다는 세 가지 느낌을 만들어 18가지 번뇌를 일으킨다. 또 괴로움, 즐거움, 괴로움도 즐거움도 아닌 것과 관련지어 18가지 번뇌를 갖는다. 이들을 합한 36가지 번뇌가 다시 각각 과거, 현재, 미래를 갖기에 36가지 번뇌 곱하기 3을 하면 108가지 번뇌가 되는 것.

물론 여기서 108이라는 수는 고뇌의 상징일 뿐, '삶은 고통'이라는 사실이 중요한 것이다. 아무튼 이 108이라는 수는 불교에서 매우 아끼는 수가 되는데, 보통 절에 가면 108번 절을 하며 저마다의 고통이 없어지기를 비는 사람들을 많이 보게 된다.

그런데 불교는 고통만을 주장하는 염세적인 종교인가? 그럴 리가. 인간이 고통을 겪는 것은 인간으로서 노력이 부족하기 때문인 것. 실은 노력하는 인생은 아름답다고 주장하는 것이 불교다. 그러니까 노력하지 않은 인간이 가지는 대표적 악덕을 다섯 가지로 보면, 욕심부리는 것과 화내는 것, 어리석은 것, 교만하고 의심 많은 것을 들 수 있는데, 이러한 인간 성향을 자신의 노력으로 없앤다면 더 이상 삶은 고통스럽지 않게 된다는 것이다.

불교에선 인간을 두 종류로 나눈다. 고통의 바다에서 허우적대는 부류는 중생, 그렇지 않고 자기수행을 통해 고통의 바다를 헤엄쳐 나온 부류는 부처. 부처가 되기 위해서는 무엇보다 자기성찰이 중요한데, 그 자기성찰의 기본은 나만의 소견머리와 나쁜 버르장머리를 고치는 것이다.

빛나는 한 줄 어휘

번뇌망상이 많으니까 짜증도 나고 우울증도 생기는 거야. 마음 좀 잘 챙겨보라고.

마음은 진짜 힘이 세다

옛날에 쥐가 한 마리 살았는데 쥐는 늘 고양이가 너무 무서웠다. 고양이 발소리만 들어도 소스라쳐 벌벌 떨곤 했다. 이를 불쌍히 여긴 마술사가 그 쥐를 고양이로 만들어줬다. 그랬더니 이제 고양이는 개가 무서웠다. 개만 보면 쥐구멍을 찾았다. 마술사는 다시 한 번 마술을 부려 고양이를 개로 만들어줬다. 그러자 이번에는 표범을 무서워했다. 마술사는 또다시 개를 표범으로 만들어줬다. 아, 그랬더니 이놈의 표범이 이번에는 사냥꾼을 무서워하는 것이 아닌가. 더 이상은 안 되겠다고 판단한 마술사는 표범을 원래 쥐 모습으로 되돌려놓고 말했다.

"내가 아무리 애를 쓴들 네놈에겐 아무런 소용이 없구나. 겉모습을 아무리 바꿔줘도 네놈 마음속에서 네놈은 늘 쥐일 뿐이야, 쯧."

이 우화 속 표범은 어찌하여 표범의 마음을 갖지 못하고 아주 오래된 쥐의 마음을 버리지 못하는 것일까. 마음이란 도대체 무엇일까. 일체유심조는 "세상사 모든 일은 마음먹기에 달려 있다"는 뜻의 불교 핵심사상이다. 똑같은 상황에서도 누구는 두려움에 벌벌 떨고 누구는 담담해하지 않던가. 무서워하는 마음도 행복해하는 마음도 다 내가 지어낸 것이고, 화가 나고 짜증이 나는 것도 다 내 마음이 만들어낸 것이라는 말씀.

'하면 된다'의 구호로 책상머리에도 많이 붙어 있는 '일체유심조'와 관련해서는 너무도 유명한 원효스님 일화가 있다. 원효스님이 당나라로 유학가는 길 낯선 곳에서의 하룻밤, 잠결에 목이 말라 물을 마셨는데 날이 새어 깨어보니 잠결에 마신 물이 해골에 괸 물이었음을 알고 소스라치게 놀란다. 그리고 크게 깨달았으니 사물 자체에는 깨끗함도 더러움도 없고 모든 것은 오로지 마음에 달렸다는 것을.

이 세상을 어떻게 바라볼 것인가에 따라 삶의 방식은 천차만별로 달라진다. 지금 내가 겪는 고난과 고통을 남의 탓, 세상 탓으로만 돌리고 허송세월하는 것과 모든 역경을 불굴의 도전정신, '긍정의 힘'으로 극복하는 것, 다 마음먹기 달린 것이다.

간절히 원하면 이루어진다는 '시크릿' 법칙과 일체유심조, 일맥상통하는 말 아닐까?

마땅히 지켜야 할 인간의 도리

인간은 본디 선하게 태어난 존재일까? 악한 본성을 타고난 존재일까? 전자를 강력히 주장한 인물이 맹자. 인의예지는 유가에서 인간이 마땅히 갖춰야 할 기본 덕목이자 맹자가 인간의 본성이라 열거한 성품을 일컫는다. 맹자왈 "측은지심은 인이요, 수오지심은 의이며, 사양지심은 예요, 시비지심은 지이다. 이들 인의예지는 내 안에 있는 것이다"라고 했던 것. 이는 맹자의 사단설이라고도 한다.

차례로 살펴보자. 먼저 인(仁)은 사람을 사랑하는 마음, 남을 불쌍히 여기는 마음, 곤경에 처한 사람을 측은하게 여기는 마음이다. 예를 들어 갓난아이가 우물로 기어들어가는 것을 목격한다면 누구도 그냥 지나치지 못하고 분명 아이를 구해낼 텐데 이런 마음이 측은지심이라는 것. 유가의 성자이신 공자께선 인을 가장 중요시한 분이기도 한데, 공자님의 인은 어질다는 것보다도 이해심, 사람들과의 원만한 관계를 뜻하는 것.

그다음 의(義). 의는 의롭지 못한 일을 보면 부끄러워하고 분노하는 마음, 이득이 있는 일 앞에서 늘 그것이 옳은가 그른가를 생각하는 마음이다. 참으로 멋진 마음이 아닐 수 없는데, 공자는 이 의를 알고 행하는 것으로써 군자와 소인을 구분했다. 그리고 예(禮)는 남을 공경하고 사양하고 양보할 줄 아는 마음. 마지막 지(智)는 옳고 그름을 분별하는 마음. 학문 연구에서 진리를 밝히는 마음이다.

맹자께선 이들 인의예지 성품이 인간의 본성이라 했는데, 우리는 모두 이 본성대로 살고 있는 걸까? 고개 끄덕이기 쉽지 않다. 인의예지란 사람 마음속에 들어 있는 선한 씨앗을 가리킬 뿐. 따라서 이를 길러내기 위해선 반드시 개개인의 자발적 수양이 필요한 것이다.

이 맹자의 '성선설'에 반론을 제기하는 것으로 순자의 '성악설'이 있다. 이는 사람 마음은 자신의 이익을 추구하는 경향이 강하고 항상 남보다는 나를 생각한다고 보는 것이 현실적이라는 말씀. 그런데 결국 둘 다 인간이라는 동전의 양면을 설명한 것이 아닌지.

맹자가 착하고 순자가 못된 것이 아니라 인간 품성 어느 쪽에 비중을 두어 인간을 설명하느냐의 문제인 것. 인의예지가 중요함은 순자님도 공감할 것이다.

인의예지를 갖춘 성품은 어릴 적 교육에서 자연스레 만들어져야 하는 것.

자연과 인간의 완벽한 조화

자연과 내가 하나가 된 느낌, 이것이 물아일체다. 좀 길고 어렵게 말하면 '절대 평등의 경지에 있는 도를 체득해 자연과 하나가 되는 것'. 물아일체의 경지를 나타내는 대표적 예가 장자의 '호접지몽(胡蝶之夢)' 고사다.

장자가 어느 날 꿈을 꾸었다. 나비가 되어 꽃들 사이를 즐겁게 날아다니는 꿈. 그러다 문득 깨어보니 자기는 분명 장자였다. 생각해 보니 대체 장자인 자기가 꿈속에서 나비가 된 것인지, 아니면 지금 이 꿈이라서 나비가 꿈에 장자가 된 것인지 알 수 없었다. 이로써 장자는 장자가 곧 나비이고 나비가 곧 장자인 경지를 터득하는데, 물아의 구별이 없는 만물일체의 절대경지에서 보면 장자도 나비도, 꿈도 현실도 구별이 없는 것. 다만 보이는 것은 만물의 변화에 불과할 뿐. 이 호접지몽 이야기는 인생무상을 비유하는 말로도 자주 인용된다.

장자는 전쟁이 끊이지 않는 불안한 시대를 살면서 인간의 참자유가 무엇인지를 깊게 사유하고 인간의 진정한 자유를 추구하는 일에 평생을 바친 인물이다. 그의 사상은 노자사상과 함께 도가철학의 한 축을 이룬다. 장자는 선악(善惡), 미추(美醜), 빈부(貧富), 화복(禍福) 등을 구분짓는 일이 어리석은 일임을 깨닫고 만물은 결국 하나의 세계로 귀결된다고 생각했는데, 이것이 물아일체인 것.

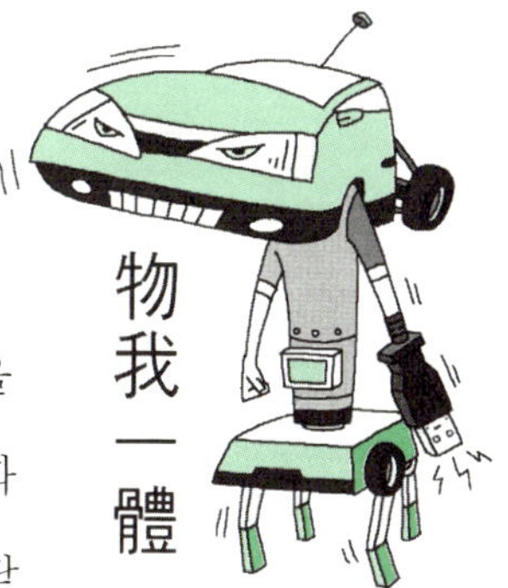

장자는 비유를 통해 자신의 생각을 표현하는 데 탁월했다. 그중 학의 다리를 자르지 말라는 우화는 매우 유명하다. 그러니까 학 한 마리하고 오리 한 마리가 만나 서로 잘난 척을 하는바 오리가 먼저 학에게 말한다. "내 이 짧은 다리가 얼마나 균형 있어 보이냐, 네 다리는 너무 길고 힘도 없어 보여. 좀 잘라라." 그러자 학이 가만있을 쏘냐. "야 이 숏다리야, 난 네 다리가 볼썽사납다. 다리가 내 길이는 돼야 보기에도 우아하지. 네 다리나 좀 늘려라."

여기서 오리 다리를 늘리고 학의 다리를 잘라야 한다는 것은 모두 비교하는 마음에서 나오는 잘못된 가치라는 것이 장자의 생각. 모든 사물의 가치는 동등하다는 이 말씀 또한 물아일체의 또 다른 표현인 것이다.

😊 빛나는 한 줄 어휘

물아일체 경지에서 보면 인간들 '성형중독'은 참 우스꽝스러운 해프닝이지.

대립을 뛰어넘고 극단을 포용하는 지혜

공자의 손자인 자사(子思)가 쓴 것으로 알려진 《중용(中庸)》. 중용이란 이 책에서 말하는 인간생활방식을 표현한 말로, 한마디로 '중심 잡힌 삶'을 뜻한다. 여기서 '중'은 가운데를 가리키며 치우치거나 기울지 않고 편견이 없으며 모자라거나 지나치지 않는 것. '용'은 늘 한결같은 평상심을 말하는 것.

결국 중용이란 어느 한쪽으로 쏠림이 없는 마음가짐과 행동방식을 말하는데, 그렇다고 단순히 가운데 중간에 선다는 것을 의미하지는 않는다. 양 극단에 휘말리지 않으면서도 양 극단을 끌어안는 힘을 뜻한다. 그런데 이를 실행하기란 결코 쉬운 일은 아니다. 예컨대 어떤 상황에서 극단적으로 자기주장을 하면서 대립하는 일은 누구라도 할 수 있지만 누구와도 대립하지 않으면서 나의 주장을 펼친다는 것은 결코 만만한 일이 아닌 것이다.

그렇다면 이 중용의 도는 무엇을 근거로 만들어진 것일까? 인간에겐 하늘이 내린 훌륭한 본성이 있음을 믿기에 그 믿음이 근거인 것. 어떻게 하면 나의 본성을 찾아 그 본성대로 행할 수 있을까를 연구 고민한 책이 《중용》이다. 즉 인간은 매우 지혜로운 사람에게도 인간적 욕심이 있으며 지극히 어리석은 사람에게도 도덕적 심성이 있기 마련인데, 이 두 마음을 다스리는 이치가 중용인 것이다. 그러니까 마음 안에서 도덕적 본성이 항상 나의 주체가 되게 하고 인간적 욕심을 다스리는 삶을 사는 것이 중용의 도를 실천하는 길이다.

그런데 중용의 자세로 살아간다는 것, 요즘 세상에 가능한 일일까? 자기주장이 없다는 것은 자칫 회색분자, 기회주의자, 우유부단한 사람으로 비쳐지기 십상일 텐데. 양비론자, 양시론자로 내몰리기까지도 할 텐데. 아니다. 분명 줏대 없음과 중용은 완연히 다른 것이다. 중용의 미덕이란 그야말로 '부드러운 카리스마'인 것.

사실상 극단적 주장이 용기 있고 소신 있는 것으로 인정받기 쉽지만, 중용의 길은 그 극단을 부정하지 않으면서도 합리적인 해결책을 내놓는 지혜로서, 일견 평범해 보이는 이 중용이야말로 세상을 바꾸는 힘인 것이다.

빛나는 한 줄 어휘

중용의 도를 깨친 삶은 불안함이 없는 삶이지. 깨친 자에겐 여유가 있거든.

나를 찾아 떠나는 '엄숙한' 여행

〈소와 함께 여행하는 법〉이라는 영화가 있다. 우연찮게 소와 함께 여행길에 나선 주인공이 차츰 삶을 이해하고 성장해가는 과정을 그린 영화인데, 여기서 왜 하필 소가 등장한 것일까? 바로 심우도에서 영감을 받은 것이다.

'심우도'는 말 그대로 하면 소를 찾는 그림이다. 불교에서 깨달음을 향해 나아가는 과정을 소를 잃어버려 그 소를 찾는 과정으로 비유해서 그린 열 개의 그림. 절에 가면 어린 동자승과 소가 등장하는 그림이 벽화로 가득 담겨 있는 것을 볼 수 있는데, 바로 그것이다.

이 절묘한 상징화는 12세기 중엽 중국 송나라 때 곽암선사가 그린 것이라고 하는데 확실치는 않다. 그림은 모두 10개의 장면으로 구성되었다. 소는 인간의 본성을 뜻하고 동자나 스님은 불도(佛道) 수행자에 비유된다.

10개 장면을 살펴보면 이렇다. 첫 번째 '심우(尋牛)'는 동자승이 소를 찾고 있는 장면. 자신의 본성을 찾아 헤매는 것으로 수행에 들어

섰음을 보여준다. 그리고 '견적(見跡)'은 동자승이 소의 발자국을 발견하고 그것을 따라가는 장면. '견우(見牛)'는 동자승이 소의 뒷모습이나 소의 꼬리를 발견하는 장면. '득우(得牛)'는 동자승이 드디어 소의 꼬리를 잡아 막 고삐를 건 모습. 드디어 자신의 본래 성품을 알아챈 것이다. 그리고 '목우(牧友)'는 동자승이 소에 코뚜레를 뚫어 길들이며 끌고 가는 모습. '기우귀가(騎牛歸家)'는 흰소에 올라탄 동자승이 피리를 불며 집으로 돌아오는 장면. 맘껏 자유를 만끽하는 모습이다. 그리고 '망우재인(忘牛在人)'은 소는 없고 동자승만 앉아 있는 장면. '인우구망(人牛俱忘)'은 소도 사람도 사라진 모습. '반본환원(返本還源)'은 산수풍경만이 그려진 장면으로 있는 그대로의 세계를 깨닫는 모습. 그리고 마지막 '입전수수(入廛垂手)'는 모든 삶의 이치를 알게 된 사람이 세상 속으로 나아가 사람들을 구원하는 장면이다.

심우도가 멋진 비유인 것은 아마도 바로 그 마지막 장면 때문이리라. 무언가를 알고 얻고 깨달았다면 반드시 그것을 이제 내 것을 넘어 사람들과 나눠야 한다는 말씀인 것.

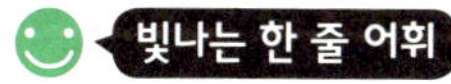

심우도는 자아 찾기를 통해 진정한 자비심을 갖게 되기를 희구하는 그림 같아.

부디 좋은 곳에
다시 태어나기를…

누군가 돌아가셨을 때 '극락왕생을 기원합니다'라는 문구를 많이 접해봤을 것이다. 여기서 극락왕생은 무슨 뜻일까? 극락정토에 다시 태어남을 가리키는데, 그렇다면 극락정토란? 이곳은 아미타불이 계신 천국을 말하는 것. 그럼 아미타불은 또 누구? 아미타불은 극락세계에서 법을 설하시는 존귀하신 부처님을 말하는 것. 보통 절에 가면 '나무아미타불 관세음보살'이라 염불하는 소리를 많이 듣는데, 이 말인즉 '아미타 부처님과 관세음보살께 나를 의지합니다'라는 뜻이다. 여기서 관세음보살은 대자대비(大慈大悲)의 마음으로 중생을 보살피는 보살.

그러니까 극락왕생이란 좋은 세상에 다시 태어나기를 바라는 마음의 표현이다. 그런데 인간은 진짜 죽고 나서 다시 태어나는 것일까? 기독교와 달리 불교에는 '윤회'라는 개념이 있다. 생명 있는 것은 모두 죽어도 다시 태어나 생이 반복된다고 하는 사상인데, 여기서 중요한 것은 다시 태어난다 해도 꼭 인간으로 태어나리라는 보장이 없다는 것. 선택의 폭은 여섯 가지다. 즉 지옥, 아귀, 축생, 아수라, 인간, 천상. 이를 육도윤회라 하는데 이 중 인간세계는 천상 다음으로 존귀한 곳이다. 인간이 인간 이상의 공덕을 쌓으면 천상에 태어나는 것이고 인간 이하의 행실을 보였다면 그 과중에 따라 그 아랫단계로 떨어져 태어나는데, 아수라라고 하면 허구한 날 싸움판 벌이는 귀신들이 머무는 곳, 축생은 인간 이외 동물의 세계, 아귀는 배고파 죽을 것 같은 걸신들린 귀신들이 사는 곳, 그리고 지옥은 물론 끔찍한 형벌이 있는 곳.

이 윤회사상을 믿고 안 믿고는 개인의 자유. 하지만 알고 나면 왠지 착하게 살아야 할 것 같지 않나? 사실상 그게 종교의 힘이다. 그리고 극락왕생을 기원하며 절에서 드리는 불공의식을 사십구재(四十九齋)라 하는데, 이는 돌아가신 지 49일째에 드리는 제사로서 왜 49일인가 하면 그 안에 죽은 자가 다시 어느 세계에 태어날지가 결정되기 때문이다. 이 제사 때 죽은 자가 제발 지옥, 아귀, 축생계에는 태어나지 않게 비는 것인데, 죽은 자를 위해 빌어주는 것도 좋지만 모두들 살아 있을 때 바르게 살고자 노력함이 옳지 않겠나.

빛나는 한 줄 어휘

사랑하는 가족의 극락왕생을 기원하는 마음보다 간절한 기도가 있을까?

'지구의 중심은 중국'이라는 닫힌 생각

중화사상은 중국이 세상의 중심이라는 자문화 중심주의로서, 중국 문화가 가장 우수하므로 세계를 주도해야 한다는 중국인들의 거대한 믿음을 말한다. 중화 이외에는 모두 이적 오랑캐라고 천시하고 배척하기 때문에 이는 화이사상(華夷思想)이라고도 한다.

이러한 중국인들의 우월한 자부심의 근거는 무엇일까? 중화사상은 유가 사상이 국가의 통치 철학으로 자리잡은 한나라 시대에 체계화된 것으로 왕자(王者)의 덕으로 백성을 교화하는 것을 이상으로 하는 유가 왕도정치의 한 줄기라 할 수 있다. 이 이론에서는 왕자가 살고 있는 중국 땅은 물론 그 변경 지역도 '왕화(王化)'의 은혜를 입어야 한다고 생각한다. 여기서 왕자는 하늘의 뜻이 있어야만 오를 수 있는 자리로서 이러한 천명을 받은 천자의 정복 전쟁은 자국의 이익을 위한 것보다는 예의범절도 모르고 미천한 짓을 하는 오랑캐를 교화하는 수단으로 치장된다. 이러한 중국적 천하관은 중국의 정치 군

[첫째 어휘군]
나만의 '깊이'를 만드는 사상 철학

사적 팽창을 옹호하는 이념의 원동력이다. 이러한 중화사상이 자신들 이외의 타자들을 남만(南蠻), 북적(北狄), 동이(東夷), 서융(西戎)으로 구분해 중국이 모든 이민족을 교화해서 세상의 질서를 유지해야 한다는 '천하국가관'을 낳은 것이다.

중화사상은 중국인들 내면에 깊이 뿌리박혀 있는 집단 사상으로 중국인의 사고를 의식적 무의식적으로 오랜 세월 지배해온 사고방식이다. 따라서 중국이 일본과 달리 근대화에 실패할 수밖에 없었던 원인을 여기에서 찾을 수도 있다. 중국이 하나의 완결된 세계이므로 바깥 세계에 대한 객관적이고 냉정한 평가를 내릴 수 없었던 것이다. 그러니까 중국인들의 문화적 자부심은 자신 외의 타인에게 배울 것이 있다고 생각하지 않았던 것. 이것이 문제였던 것이다.

이렇게 큰 우물 안에 사는 개구리 모양 세계화의 흐름을 따르지 못하던 중국이 현재 그들 나름의 뼈아픈 반성과 절치부심한 노력 덕분에 새로운 경제대국으로 떠오르고 있다. 그런데 다시 강자의 위치에 올라선 중국인들은 역시나 새로운 중화주의를 슬며시 꺼내들고 있으니, 지금은 주변국으로서 우리의 현명한 대처 또한 필요한 시점이기도 하다.

😊 ◀ 빛나는 한 줄 어휘

조선이 세계의 중심이라는 '소중화주의', 이것 때문에 정작 조선은 세계 변화의 흐름을 타지 못했잖아.

우주와 인간에 대한 오묘한 해석

인간 상상력의 힘을 너무도 잘 보여주는 것이 음양오행이다. 현재 온갖 자연계 현상을 해석하며 의학 영역에서도 깊이 있게 응용되고 있는 이 독특한 동양사상의 시작은 바로 '하나의 상상'이었던 것이었으니, 음양오행을 처음 생각해낸 이는 허풍 심하기로 유명했던 중국 제나라 사람 추연이다. 추연은 우주가 가지고 있는 나름대로의 질서를 곰곰이 따져보다 '음'과 '양'을 생각해낸다. 그러니까 차가운 기운인 '음'과 따뜻한 기운인 '양'이 서로 화합작용을 일으켜 우주가 만들어졌고 이 우주는 다섯 가지 기본물질 즉 나무, 불, 흙, 쇠, 물로 이루어졌다는 것. 이것이 음양오행이다.

이 소박하고도 거창했던 추연의 상상력은 세월이 흐를수록 좀 더 풍성한 내용을 담으며 발전했으니 어느덧 모든 사회환경과 자연현상을 음양오행설 하나로 설명할 수 있게 된다. 결국 음양이란 사물의 현상을 표현하는 하나의 기호라고 할 수 있는데 모든 사물이 음 아니면 양인 것. 그리고 각각의 음양은 또다시 그 안에서 음양으로 구분된다.

예를 들어 하늘은 양 땅은 음이고, 낮은 양 밤은 음인데, 낮은 양이지만 오전은 양 중의 양이 되고 오후는 양 중의 음이 되는 것. 이는 아인슈타인의 상대성 원리와도 비슷하다.

한편 오행은 자연과학적으로 보면 일종의 소박한 원자론 같은 것. 오행학설에서는 우주의 모든 사물이 목(木) · 화(火) · 토(土) · 금(金) · 수(水) 다섯 물질의 운동과 변화로 말미암아 이루어진다고 본다. 이는 추연이 말한 다섯 물질을 한자로 표현한 것. 예를 들어 봄은 나무, 여름은 불, 가을은 쇠, 겨울은 물 등.

이 오행이 현재 우리 달력을 장식하는 일주일의 5일이 되는데, 나머지 2일은 음양의 몫. 즉 음이 달을 상징해서 월요일, 양이 해를 상징해서 일요일이 된다. 이렇게 아주 오래된 추연의 상상력은 오늘날 우리 달력에까지 살아 있는 셈인데. 물론 이 음양오행설은 동양 사상에서 아주 중대한 뿌리로 작용하며 지금도 여전히 동양적인 것의 핵심 역할을 담당한다.

세상 모든 존재는 음양의 이치에서 벗어나는 것이 하나도 없지. 그러니까 삶은 조화인 거야.

무속에서 모시는 자연 신령

오래전 한국 어머니들은 밤에 장독대 위에 냉수를 떠놓고는 가족의 안녕을 기원하곤 했다. 그때 주문처럼 외우던 말이 "일월성신 천지신명께 비나이다. 우리 아들 딸 잘되게 해주소서"였던 것. 일월성신과 천지신명은 무속에서 모시는 신령이다. 말 그대로 일월성신은 해의 신과 달의 신, 별의 신이며, 천지신명은 하늘의 신과 땅의 신이다.

이들은 옥황천존과 함께 인간 문제를 풀어준다고 해서 기도의 대상이 된 것인데, 문학 작품에서는 일월성신이나 해의 신, 달의 신이 천지신명을 가리키거나 대신하기도 하고, 반대로 천지신명이나 하늘의 신이나 땅의 신이 일월성신을 가리키거나 대신하기도 한다.

일월성신은 만물의 정체를 완성시키는 자연의 힘이라는 새로운 현대적 해석도 있다. 즉 일월성신에서 일(日) 즉 햇빛은 만물의 성장을 위한 에너지의 근원이 되며, 월(月) 즉 달빛은 낮에 햇빛으로 모은 에너지를 성장시킨다는 것. 그리고 성(星) 즉 별빛은 만물의 미묘한 세부 특성과 풍부한 감성을 북돋아 만물의 성장을 완성시킨다는 것이다. 그래서 만물은 위 세 가지 밝음 모두를 가져야 비로소 온전한 하나의 정체가 된다는 것.

그런데 이 세 가지 빛을 잉태하는 하늘이 무너져내리고 땅이 꺼져 몸 둘 곳이 없어질까봐 전전긍긍하던 사람이 있었다. '기'라고 하는 작은 나라 사람이었는데, 그는 온종일 이런 터무니없는 걱정에 먹지도 못하고 잠도 이룰 수 없었다. 보다 못해 이 기나라 사람에게 충고하는 사람의 말인즉 "해와 달과 별은 둥글게 뭉쳐 빛을 내는 기체에 지나지 않으니 이것들이 떨어져 머리를 친다고 해도 자네가 죽진 않을 걸세."

기나라 사람 한숨지으며 말하길 "그럼 땅이 꺼지는 것은?"

이에 대한 대답인즉 "땅은 퇴적된 흙덩어리에 불과한 거야, 자체가 그냥 흙덩어린데 어떻게 이게 무너진단 말인가?"

이 말을 듣고 난 기나라 사람, 갑자기 머리가 맑아지면서 그동안의 마음의 짐을 내려놓았다고 하는데, 여기서 나온 말이 '기우(杞憂)' 즉 쓸데없는 걱정과 근심이다. 일월성신께는 이런 쓸데없는 기우에서 비롯된 발원은 하지 말지어다.

일월성신은 기도 대상 중에서 가장 친근한 존재인 것 같아. 보름에 달보고 소원 비는 것도 그렇고.

자연과의 조화를 꿈꾸는 천년의 지혜

풍수지리하면 떠오르는 것은? 아마도 조상 덕을 바라고 묏자리나 찾는 미신, 비과학적이고 비합리적인 낡은 관습이라는 생각이 많이 들 것이다. 하지만 풍수지리설은 우리 조상들이 천 년 이상을 믿고 따르던 자연관인데 어찌 엉터리이기만 할까?

풍수지리는 자연의 산세(山勢), 지세(地勢), 수세(水勢) 등을 판단해 이것을 인간의 길흉화복에 연결시키는 학설이다. 한마디로 인간이 살기 좋은 땅을 연구하다 나온 통계학적 생각인 것이다. 풍수의 자연현상과 그 변화가 인간생활의 행복과 깊은 관계가 있다는 이 생각은 이미 중국 전국시대 말기에 시작된 것, 그것이 우리나라 삼국시대에 도입되어 신라 말기부터 활발해지더니 고려시대에 전성을 이루고 조정과 민간에 널리 보급된다.

풍수는 인체 이론을 자연에 적용한 것과 같다. 인간의 몸이 가장 편안해지는 곳이 흔히 말하는 '명당'인 셈인데, 명당은 바로 우리 인체의 혈자리에 해당하는 것. 혈자리란 우리 몸의 기가 모이는 곳으로 생기와 활력을 만드는 자리를 뜻한다. 사람 몸의 혈자리와도 같은 명당자리에 무덤을 만들거나 집을 지으면 그곳에 있는 좋은 기운을 얻을 수 있어 행복해진다는 것이 사실상 풍수론의 핵심이다.

풍수는 크게 '음택' 풍수와 '양택' 풍수로 나뉜다. 음택은 무덤 위치를 고르는 것을 말하고 양택은 주택 위치를 말하는 것. 무덤 쓰는 자리에 관해서는 사회적으로도 말이 많다. 권력과 부를 가진 사람들이 자신의 출세를 위해 조상 묘를 이장했다는 이야기는 꽤나 자주 언론에 회자된다. 이는 결국 죽은 조상의 기운으로 성공해보겠다는 것인데 요즘은 매장보다 화장이 갈수록 늘어가는 추세라 음택이론은 아마도 더 이상 기세를 떨치기는 어려울 듯하다.

그리고 현재 살 집의 터를 보는 양택풍수, 이것의 핵심은 배산임수(背山臨水), 즉 산을 등지고 물에 접해 있는 것이다. 하지만 현대 서울 도심 한복판에서 배산임수란 따르기 힘든 이론이다. 나름 인간과 자연과의 환상적인 궁합을 꿈꾸는 풍수론이 현대적 의미를 갖기 위해서는 막연한 땅의 기운보다는 자연에 대한 인간의 애정이 더욱 강조되어야 하는 게 아닐는지.

명당을 골라 지은 건물들, 특히 산속에 있는 절들은 거의가 배산임수 원칙을 지키고 있지.

더불어 사는 세상을 빛내는 정신

'널리 인간세계를 이롭게 한다'는 뜻의 홍익인간은 《삼국유사》 단군신화에 나오는 말로 거룩한 한국인의 정신을 상징하는 것이다. 한국인 정신문화의 뿌리가 바로 홍익인간인 것. 널리 이롭게 한다는 '홍익'의 뜻은 개인주의 또는 이기주의와는 정반대의 열린 개념으로 세상을 향한 무한한 사랑과 의무를 표현한 것이다. 더욱 정성스럽게 더욱 애정을 담아 세상 모든 것을 더욱 사랑하고 더욱 아끼는 것.

삼국유사 기록은 이렇다. 하늘의 군주인 환인의 아들 환웅이 인간세상을 탐내자 환인은 아들에게 인간세상을 이롭게 다스리라고 내려보낸다. 여기서 '불후의 인내심'을 간직한 곰과 참을성 부족한 호랑이가 등장하고, 절정의 인내심을 보여준 곰은 환웅과 결혼해 아이까지 낳으니 그가 바로 우리 한민족의 시조로 일컫는 단군왕검인 것이다.

이러한 내용의 단군신화에는 인본주의적이고 현세주의적인 윤리

의식과 철학사상을 지닌 우리 민족의 가치관이 그대로 나타나 있다. 여기서는 그야말로 '인간세상'이 중심인 것으로, 하늘의 신인 환웅도 인간세계를 탐내고 뭇짐승인 곰과 호랑이도 인간이 되기를 바란다. 그리고 단군신화에는 다른 나라 신화와 달리 세계 창조나 내세에 대한 내용이 없고 오직 현재의 인간세상만이 중시된다. 환웅의 관심도 어떻게 하면 인간세상을 이롭게 하고 도리로 교화할 것인가에 초점이 맞춰진 것으로, 이렇듯 추상적 개념이 아닌 현실 감각적인 홍익인간 정신은 우리 민족의 정치 이념으로 뿌리내린다. 그리하여 인간의 사회적이고 현실적인 삶의 끊임없는 개선과 향상을 지향하는 실천적 개념으로 전승되어온 것.

사실상 홍익인간이 표현하는 한국사상의 중요한 특징은 '조화'와 '평화'다. 단군신화만 보더라도 대립과 갈등 구조는 어디에도 없다. 신과 인간도, 짐승과 인간도. 이렇듯 조화와 평화를 중시하는 우리 민족의 건국정신은 1945년 광복 후 우리나라 교육이념을 대표하는 말로 재탄생한다. 인류 전체를 하나의 세계 시민으로 보는 입장을 뜻하는 사해동포주의와도 일맥상통하는 홍익인간 정신은 세계화 시대에 더욱 빛나는 민족정신임에 분명하다.

홍익인간 정신이 빛나는 우리나라에서 외국인노동자를 배척하다니, 말도 안 돼.

지극히 한국적인 정신혁명사상

"하늘과 같이 사람을 섬기라" "사람이 곧 하늘이다" "내 마음이 곧 네 마음." 이것이 동학사상이다. 사람이 곧 하늘이며 사람을 섬기는 것이 하늘을 섬기는 것이라는 평등사상, 신분이나 계급을 초월해 인간은 모두 평등하다는 이 사상은 그동안 차별과 멸시를 당연시했던 조선 민중들의 가슴속을 뒤흔들어놓았다. 이러한 사상은 어떻게 나온 것일까?

동학사상은 조선 철종 때인 1860년, 최제우가 민족 고유사상인 경천사상(敬天思想)을 바탕으로 유교, 불교, 도교 교리를 혼합해 만든 민족종교 사상이다. 여기서 '동학'이란 서학(천주교)에 대응할 만한 동쪽 땅 한국의 종교라는 뜻. 동학은 지배층의 착취로 농촌경제가 파탄나고 자본주의 열강의 침략에 따른 위기의식이 고조되던 19세기 후반 사회 상황에 대한 문제의식에서 만들어진 반봉건적 민중사상이다.

당시 동학의 창시자 최제우는 "나라를 돕고 백성을 편안하게 할 계책"을 마련키 위해서는 하늘의 뜻을 바르게 이해할 수 있는 새로운 사상이 필요하다고 여겼으며 이에 기존 사상인 유·불·선의 장점만을 취해 동학사상을 만들어낸 것이다. 이 새로운 인본주의 사상은 민중의 열띤 호응을 얻었다. 민중 자신이 하늘이라는데, 어찌 여기에 열광하지 않을쏜가. 이러한 동학은 민중들에게 새로운 사회 전망을 제시해주며 당시 지배이념이던 성리학에 대항하는 저항 이데올로기로서의 역할을 했으며 당연히 당시 사회구조와 질서를 부정하는 혁명적 성격을 띠게 된 것이다.

동학은 1894년 전봉준 등이 주도한 대규모 농민봉기에도 큰 영향을 끼쳤는데, 이 농민봉기를 동학이 주체가 되어 일어난 것으로 보아 '동학혁명' '동학운동'이라 부르기도 하지만, 한편에서는 이 사건이 봉건사회와 외세 수탈에 맞선 농민항쟁일 뿐이라고 해서 지금은 절충적으로 '동학농민전쟁' '동학농민운동'으로 부르기도 한다.

아무튼 계급적 위계질서가 엄혹했던 시절, 인간의 평등권을 주장했던 이 사상이야말로 지극히 한국적이면서도 지극히 세계적인 혁명정신 아닐는지.

사람이 곧 하느님이며 만물이 모두 하느님이라는 인내천 사상, 꽤 멋있는 것 같아.

몸과 마음을 하나로 만드는 수행

웰빙 바람을 타고 확산된 요가 열풍은 그 목적이 미용, 건강인 경우가 대부분이다. 그런데 날로 늘어만 가는 요가 인구들에게 진정한 '요가 정신'은 전수되고 있는 것일까?

자세와 호흡을 가다듬어 정신을 통일·순화시키고, 한편으로는 초자연적 능력을 얻고자 행하는 인도 고유의 수행법을 가리키는 요가. 요가는 명상과 호흡, 스트레칭 등이 결합된 복합적인 심신 수련 방법이다. '요가'라는 말은 '결합' '통일' '균형'을 뜻하는데, 파탄잘리가 지은 요가 경전 《요가 수트라》에는 "요가란 마음의 작용을 없애는 것"이라 쓰여 있다. 마음을 잘 조절해 그 움직임을 억제해서 인간 본래의 고요한 마음으로 돌아가는 수행법이 요가인 것이다.

물론 요가는 종교가 아니다. 내 삶을 성찰하게 하는 철학적 지침일 뿐. 그러나 요가 수련의 궁극적 목적이 마음의 평온을 찾고 지혜를 얻으며 해탈의 경지를 추구하는 것이므로 '자기수행'이란 측면에서 종교적일 수도 있다.

요가수행에는 크게 6가지 방식이 있다. 우선 소리 힘을 이용한 '만트라요가'. 그리고 자기희생의 요가를 뜻하는 '카르마요가', 신에 대한 헌신과 사랑의 요가를 뜻하는 '박티요가', 지식의 요가를 뜻하는 '즈냐나요가'. 이 요가들은 깊은 내면의 수행이 따라야 하는 철학적이고 종교적인 요가들이다. 그리고 '하타요가'라고 하는 것이 사실상 우리가 익히 알고 있는 요가로서 몸을 움직이고 호흡을 훈련하는 육체요가다. 이어 마지막으로 언급되는 '라자요가'가 요가의 궁극적 단계, 이른바 명상요가를 뜻한다.

5000년의 역사를 갖는 인도 수행법인 요가가 대한민국 땅에서 단지 체력단련을 위한 하나의 운동으로만 알려진 것은 왠지 슬픈 현실이다. 요가정신이란 것을 한마디로 한다면 '중심 찾기'라고 할 수 있을 텐데, 이제 대한민국 요가도 '그 무엇에도 치우치지 않는 몸과 마음의 균형감각을 찾기 위한 수행'으로 거듭나야 하지 않을는지.

😊 빛나는 한 줄 어휘

최근에는 뜨거운 요가 '핫요가'가 여성들에게 선풍적 인기를 얻고 있는데, 이유는 다이어트가 확실히 되기 때문.

폭력보다 강한 비폭력의 힘

아힘사는 간디의 위대한 정신으로 유명한 말이다. 즉 간디가 영국에 대항해 독립운동을 벌일 때 무기로 사용한 것이 바로 아힘사, '비폭력' 정신인 것. 이 아힘사는 본래 살생을 금하는 인도 종교·도덕의 기본 사상인데, 간디로 인해 '비폭력 저항운동'이라는 하나의 뚜렷한 의미를 갖게 되었다.

그렇다면 간디의 아힘사는 어떠한 것이었을까? 그는 힘이 곧 정의가 되어 권위를 행사하는 사회에서 힘으로 타인을 누르는 일은 잘못된 것임을 자신의 몸으로 보여주는 삶을 살았다. 간디는 굳건한 신념 하나로 평생을 초지일관했던 인물로, 쓸데없는 욕심을 버리고자 채식주의자가 되었고, 정당하지 않은 세금은 내지 않는 원칙을 지켰으며, 잘나가는 변호사임에도 약자 편에 서서 일했던 의지의 인물이었다. 말도 안 되는 이유로 자신에게 모욕을 주며 몽둥이로 때리는 사람에게도 상대에게 진리가 부재함을 안타까워했을 뿐 그 상대의 폭력에는 순순히 자신의 몸을 내맡기고 감옥에 끌려가도 맞서지 않고 조용히 순응했으니.

간디의 아힘사 원칙이란 이렇다. "집요하게 거부하되 그것을 폭력이 아닌 것으로 드러내라." 폭력에 폭력으로 맞서지 않고 비폭력으로 대응한다면 폭력을 휘두른 상대는 언젠가는 그 사실을 부끄러워할 날이 오리라는 것이 그의 믿음이었다. 결국 간디의 아힘사 정신은 식민 지배국인 영국을 감동시켰고 영국인들은 간디를 국빈대우하기에 이른다. 그리하여 역사적으로 간디의 비폭력은 폭력보다 강한 힘으로 남게 된 것이다.

그런데 한 개인을 떠나 지금까지 아힘사를 가장 강력하게 실천하는 집단은 바로 '자이나교'다. 얼굴에는 마스크를 쓰고 빗자루를 든 손으로 연신 비질을 하며 걷는 자이나교 수도승들을 본 적 있는지? 그들은 행여 날아다니는 벌레가 입안으로 들어와 죽을까봐 마스크를 쓰고, 걷는 발길에 벌레들이 치여 죽을까봐 비질을 하며 걷는 것이다. 심지어 물을 마실 때도 혹시 그 안에 들어 있는 작은 생명체를 죽일까봐 헝겊에 걸러 마실 정도. 이들 자이나교의 가공할 만한 도덕성은 사실상 현실적 계율로 실천하기란 불가능한 것이지만, 그래도 생명에 대한 경외심 그것 하나만은 본받을 만하지 않은가.

채식전문 음식점 상호가 '아힘사'라니, 참 잘 어울리는 것 같아.

마음의 평화를 염원하는 지혜의 책

삶을 바라보는 태도는 크게 두 가지로 나눌 수 있다. 낙관주의와 비관주의. 낙관주의는 서양철학자 라이프니츠가 이 지구야말로 우주에서 사람이 살기에 가장 적합한 곳이라는 뜻에서 사용한 말로 '최상의' 환경을 의미한다. 이에 반해 비관주의는 쇼펜하우어가 사용한 말로 우리 사는 세상이 '최악의' 환경임을 뜻한다. 이 두 가지 인생관은 현실을 평가하는 데서는 대립되는 생각을 갖지만 미래를 보는 눈은 똑같다. 비관적으로 보든 낙관적으로 보든 미래는 일단 '불안한' 것이다. 그래서 인간은 점을 치기 시작했다. 미래가 너무 궁금하기에.

《주역》은 고대 성인들이 삼라만상 우주현상이 변화하는 이치를 탐구한 '미래를 읽는 지혜의 책'이다. 우주만물 변화의 원리를 깨닫는다면 그에 적응해 인간은 어리석은 불안을 떨치고 합리적으로 살아갈 수 있으리라 생각한 것이다.

처세를 위한 지혜이자 나아가서는 우주론적 철학이기도 한 주역.

이것은 주(周)나라의 역(易)이란 말이며, 역이란 변역(變易), 즉 '바뀐다' '변한다'는 뜻으로 주역의 내용은 바로 천지만물이 끊임없이 변화하는 자연현상의 원리를 설명하고 풀이한 것이다.

여기서 역은 음양 이원론으로 이루어지며 음양은 다시 8괘 즉 건(乾)·태(兌)·이(離)·진(震)·손(巽)·감(坎)·간(艮)·곤(坤) 괘가 되는데, 이 8괘만 가지고는 천지자연 현상을 다 표현할 수 없어 이것을 변형해 64괘를 만들고 거기에 괘사와 효사를 붙여 설명한 것이 바로 주역의 경문(經文)이다. 이 괘사와 효사를 바르게 읽어내는 것이 인간 미래를 아는 지혜가 되는 것이다.

상대성이론을 주창한 아인슈타인이 이 주역을 공부했다는 이야기도 있는데, 주역의 음양적이고 상대적인 관점이 그의 과학적 이론으로 재무장된 것이라는 이 설은 아주 근거 없는 것만은 아니다. 주역 이론 자체가 자연의 원리를 발견하는 것이므로.

아무튼 욕심을 버리면 세상의 이치와 그 이치에 따른 앞날이 더욱 선명하게 보이는 것은 당연한 일일 듯, 그렇다면 애타고 괴로울 일 또한 없을 것이다.

이순신 장군님도 전장에 나서는 날에는 새벽녘에 마음 가다듬고 주역점을 치셨다고 하더군..

완전한 삶을 노래한 인도 고대철학

"사람은 스스로를 오렌지 두 알에 팔아버릴 수도 있고 감자 네 근에 팔아버릴 수도 있으며 오백 루피에 팔 수도 있다. 하지만 또 자신이 원하기만 한다면 스스로를 값으로 따질 수 없을 만큼 귀한 존재로 만들 수도 있다. 모든 것은 스스로가 자신을 어떻게 생각하느냐에 달려 있다."

이것은 인도의 한 구루(스승)가 한 말이다. 여기서 나를 값진 존재로 만드는 방법을 일러주는 인도 경전이 우파니샤드다. 우파니샤드라는 말은 'Upa(옆에, 가까이)'와 'nisad(앉는다)'라는 말의 합성어로 스승이 제자에게 비밀스런 가르침을 전수하는 것을 의미한다. 그러니까 이 책은 '완전한 삶'에 대한 지침을 비밀스럽게 간직한 정신 수양서인 것. 우파니샤드는 단일한 책이 아닌 '우파니샤드'라는 명칭이 붙은 200여 종 이상의 성전에 대한 총칭이며 그 내용 또한 한 사람의 작가가 일정한 형식을 갖고 서술한 것이 아니라 일종의 선지자가 신으로부터 영감을 받아 적은 것이다.

서양 철학자 쇼펜하우어는 이 경전을 탐독해 우파니샤드 사상은 그의 관념 철학의 바탕이 되기도 했고, 이후 서양철학사에도 무시 못할 영향을 미친다.

그렇다면 우파니샤드에서 말하는 값진 인생, 완전한 삶이란 무엇일까? 우파니샤드의 핵심사상은 범아일여(梵我一如) 사상이다. 즉 대우주의 본체인 브라만(梵)과 개인의 본질인 아트만(我)이 결국 하나라는 것. 사람들 각자 가지고 있는 내적 자아가 모든 존재의 궁극적인 바탕과 동일하다는 것인데, 이 사실을 깨달음으로써 세상의 허망한 것들에 욕심내지 않고 궁극적인 희열을 느끼는 삶을 살게 된다는 것이다. 그리고 그러한 삶을 얻기 위해서 필수적인 수행방법이 바로 '명상'이다. 즉 요즘 말로 하면 생각 비우기. 인도철학은 명상을 통해 진리를 깨우치는 길을 안내하는 것으로 궁극적으로 개인의 정신적 평화와 영혼의 구원을 목적으로 한다.

그런데 명상 전문가가 아닌 우리들 실제 삶에서 우파니샤드 사상은 어떻게 실천될 수 있는 것일까? 바로 지금 이 순간, 내 안에서 내 삶을 빛내는 영혼의 광휘를 매 순간마다 자각하는 것. 내 마음을 내 의지대로 지켜내는 것이다.

우파니샤드의 주옥같은 구절들은 인도인들 가정에서 가훈으로 즐겨 인용된다고 하더군.

침탈 야욕의 탈을 쓴 '우리만 잘살래' 놀이?

"독도, 이어도, 난징, 티베트 등 동북아는 지금 민족주의 전쟁 중"이라는 표현이 언론에 끊임없이 등장하고 있다. 이때의 '민족주의'는 동북아 각국들 간의 각축과 갈등을 심화시키는 핵심 요인으로서 '영토전쟁'에 나선 배타적 민족주의라는 점이 심각한 것인데, 그렇다면 기본적으로 '민족주의'란 배타적이지 않을 수도 있는 것일까?

민족주의는 본래 매우 비합리적이고 다의적인 개념인지라 일률적으로 '이것이 민족주의다'라고 정의 내리기는 어렵다. 대략적인 뜻이라면 "민족 구성원이 민족국가를 형성하기 위해 노력하는 투쟁과정에서의 의식과 운동" 정도라고 할 수 있을까. 그러니까 민족주의는 단일한 민족구성원이 독립된 민족국가를 형성해 민족정치와 민족경제, 민족문화를 전개하려는 이상을 말하는 것이고, 그 실천에의 욕구를 본질로 하는 것이다. 그런데 여기서 '민족'의 애매성이 드러나는바, 민족정치, 민족경제, 민족문화라고 했을 때 그것은 그야말로 나름의 독자성과 특수성을 갖는 것으로 일률적으로 '무엇'이라고 말할 수 없는 것이다.

어쨌든 이러한 민족주의 개념은 서구에서 근대적인 시민사회 등장과 함께 나타난 것으로 프랑스대혁명을 계기로 표출되기 시작했다. 통상 4단계의 발전과정을 보인다. 1기는 프랑스대혁명에서 나폴레옹전쟁에 이르는 기간, 중세 체제를 벗어나 민족 단위의 민족국가가 형성되는 시기다. 2기는 1870년대에서 1914년까지, 유럽의 각 민족국가가 제국주의적 영토분할에 치중하던 시기. 3기는 1914년에서 1940년대 초반까지, 파시즘 체제 국가가 새로운 제국주의 패권을 보여주던 시기. 4기는 1945년 2차 세계대전 종전에서부터 1950년대까지의 이른바 동서냉전기로 아시아, 아프리카의 수많은 신생국가들이 독립을 쟁취하던 시기다.

그리고 현재는 민족주의 5단계로서, 제3세계 국가와 선진자본주의 국가 간의 경제문제, 영토민족주의로 불리는 배타적 민족주의가 갈등의 핵으로 부상해 있다. 이때 우리의 민족주의를 지켜내기 위해서라도 동북아 평화공동체 실현을 위해 노력할 수밖에 없는 게 우리 처지다.

일본은 왜 한·중·러 3국과 끊임없이 영유권 분쟁을 일으키며 민족주의를 확산하고 있는 거지!?

죽을 각오로 삶에 임하는 엄정한 정신력

일본 사무라이와 독일 병사, 이렇게 두 명의 승부사가 대결을 앞둔 시각, 사무라이가 잠시 차를 한 잔 하고 결투할 것을 청한다. 독일 병사는 의아했으나 사무라이의 제안을 받아들인다. 그리고 차 한 잔을 나누게 되었으니, 한 치의 흐트러짐 없는 평정한 자세로 차를 마시는 사무라이를 지켜본 독일 병사는 그의 내공이 엄청남을 느끼고 기가 질려 결투도 하기 전에 무릎을 꿇고 만다.

과연 사무라이의 내공은 그리도 엄청난 것이었을까? 언제든지 죽을 수 있다는 각오로 무장한 채, 수치스런 삶보다는 깨끗이 죽겠다는 마음으로 일관하는 사무라이 정신은 현대에 와서 일종의 도덕 재무장 정신으로 응용되어 특히 서구인들에게 각광받았다. 사무라이 정신은 영화 소재로도 막강한 환호를 받았으니, 〈7인의 사무라이〉 〈6현의 사무라이〉 등이 그것.

사무라이란 일본 막부시대에 활약했던 무사를 말하는 것으로, 처음에는 귀족들이 신변 안전을 위해 고용한 무사를 뜻했지만 12세기부터 권력을 차지한 이들이 자신 소유의 사무라이를 두기 시작했다가 1868년 일본이 메이지유신을 겪으며 근대 국가로 바뀌면서 역사 저편으로 사라진다.

이들은 매일 아침 목욕재계하고 이마에서 머리 한가운데까지 머리털을 깎는 사카야키(月代)를 하고 머리에 기름을 바르며 손톱과 발톱을 깎아 가벼운 돌로 문질러 닦는 등 게으르지 않게 몸단장을 하고 갑옷과 투구 역시 매일 반짝반짝 손질해놓았는데, 이것은 단순히 멋 부리고자 하는 행위가 아닌 언제 죽을지 모르는 스스로를 단련하는 정신무장이었다.

사무라이들의 특징은 다양한 무술과 자신이 모시는 군주에 대한 엄정한 복종심으로 표현되는데, 근세로 넘어오면서 이들의 충정은 더 이상 무비판적인 추종은 아니었다고 한다. 사무라이도 각자의 생각과 판단이 존중받았다는 것이다.

결국 우리는 매사에 한 순간 한 순간 죽을 각오로 정성을 다해 임하는 사무라이 정신만큼은 본받아야겠지만 비판 없는 추종이야 당연히 사라져야 할 악덕 아니겠는가.

사무라이들은 '일곱 번 호흡하는 사이에 결심한다'고 하네. 생각도 너무 오래하면 썩는다고.

동양에 대한 서양의 모든 편견과 덧칠

무인도에 표류하게 된 한 인물의 좌충우돌 개척기를 다뤄 전 세계인의 사랑을 받은 동화 〈로빈슨 크루소〉는 조금만 비틀어 보면 그 안에 담긴 놀라운 역사인식을 들여다볼 수 있다. 금요일에 나타났다고 해서 '프라이데이'라는 이름으로 불리는 흑인노예 프라이데이는 자신의 새로운 주인이 된 크루소에게 무조건적 충성을 선언하고 무엇이든 가르쳐달라는 배움의 의지를 드러내는데, 과연 이것이 진정한 프라이데이의 심정이었을까?

아니라는 것이다. 다만 미개한 동양인을 상대하는 서양인들의 생각일 뿐이라는 것. 이것이 오리엔탈리즘이다. 그렇다면 〈로빈슨 크루소〉는 실로 무서운 편견을 담은 불온한 이념서란 말인가? 그렇지는 않다. 당시 사회와 시대가 이런 맹목적 오리엔탈리즘의 씨앗을 널리널리 퍼뜨리던 시절이었을 뿐.

원래 오리엔탈리즘이란 말은 유럽의 문화와 예술에서 나타난 동

[첫째 어휘군]
나만의 '깊이'를 만드는 사상 철학

방취미 경향을 나타내던 순수용어였지만, 현재는 동양과 서양을 이분법적으로 구분하여 동양에 대한 서양의 우월성이나 동양에 대한 서양 지배를 정당화하는, 서양의 동양에 대한 고정되고 왜곡된 인식과 태도 등을 총체적으로 나타내는 말로 쓰인다.

이 말이 이런 의미를 갖게 된 것은 1978년 문명비판론자 에드워드 사이드가 발간한 《오리엔탈리즘》이라는 책이 계기가 되었다. 사이드는 오리엔탈리즘을 "동양을 지배하고 재구성하며 억압하기 위한 서양의 제도 및 스타일"로 정의한다. 역사상 서구 국가들은 동양은 비합리적이고 열등하며 도덕적으로 타락되었고 이상하지만, 서양은 합리적이고 도덕적이며 성숙하고 정상이라는 식의 인식을 생산하면서 동양 지배를 정당화해왔다. 이러한 생각은 문학 등의 예술 작품이나 동양에 대한 모든 학문과 연구를 통해 형성되고 확산되었다.

결국 오리엔탈리즘이란 단지 낭만적인 이국정서를 가리키는 것이 아니라 서양이 동양을 체계적으로 제압하고 동양에 대해 끊임없이 자신들의 우위성을 확보할 수 있게 하는 문화적 헤게모니인 것이다. 그렇다면 지금껏 그 헤게모니는 잘 유지되고 있는 것일까?

오리엔탈리즘과 거꾸로 동양 관점에서 서양을 적대시하거나 비하하는 인식과 태도를 옥시덴탈리즘이라고 하더군.

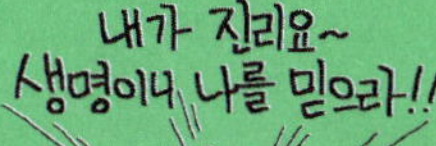

다채로운 삶의 빛깔에 물들어라

2

인간은 지구라는 흙덩어리에 붙은
곰팡이 같은 존재일지도.
하지만 기필코 아름다워야 하느니.

성공 요인의 으뜸은 우수한 환경?

맹모삼천지교를 말뜻 그대로 하면 '맹자 어머니가 세 번 이사한 교훈'이 되는데, 이사한 것이 왜 교훈일까? 그것이 바로 '좋은 환경 찾아 삼만리'였기 때문.

아버지를 일찍 여읜 맹자는 어머니 손에서 엄격한 교육을 받고 자랐다. 맹자가 어머니와 처음 살았던 곳은 공동묘지 근처. 함께 놀 친구가 없던 맹자는 눈에 보이는 것만 따라하다 보니 소리 높여 곡(哭)을 하거나 사람 장사지내는 놀이를 하며 놀았다. 이 모습을 본 맹자 어머니는 기겁을 하고 이사를 했는데, 이번엔 하필 시장 근처. 역시 학습능력이 뛰어난 맹자는 장사꾼들 흉내를 내며 즐겁게 놀았고 이에 맹자 어머니는 또다시 기겁을 하고 세 번째로 이사를 하니 이번엔 서당 근처. 그제서야 맹자는 글공부와 예법에 관한 놀이를 하게 되었고 맹자 어머니는 마침내 무척 흐뭇해했더라는 이야기.

맹모의 현명함을 보여주는 또 하나의 고사는 맹모단기(孟母斷機). 이사 덕도 본 맹자가 학문에 전념할 나이가 되어 고향을 떠나 공부했는데 어느 날 기별도 없이 집으로 돌아오자 마침 베틀에서 길쌈하던 어머니 왈, "공부는 어느 정도 되었느냐?" 맹자 왈, "아직 마치지 못했습니다." 그러자 맹모는 짜던 베틀의 날실을 끊어버리고 말했으니, "네가 공부를 중도에 그만두고 온 것은 내가 지금 짜던 베의 날실을 끊어버린 것과 같은 것. 그 무엇도 이룰 수 없을 것이다."

결국 맹자 어머니의 이러한 교육열 때문에 맹자가 유가의 뛰어난 학자로 성공할 수 있었다는 것인데, 최근 중국의 일부 지방정부는 맹모삼천지교 이야기를 학교에서 가르치지 말도록 규제해서 논란이 되고 있다. 이유가 뭘까? 이 고사가 가르치는 것이 바로 인간은 주변 환경에 지배당하는 존재이므로 환경도 잘 선택하고 친구도 가려 사귀어야 한다는 점이기 때문. 이것이 잘못됐다는 것이다. 즉 지금 시대에 청소년들이 갖춰야 할 덕목은 어떤 환경에도 잘 적응하고 주변과 조화를 이루며 사는 법을 배우는 것인데 이 이야기는 낡은 사고방식으로 청소년들에게 그릇된 가치관을 심어줄 수 있다는 것이다. 과연 어느 쪽이 옳은 것일까?

빛나는 한 줄 어휘

나보다 나은 친구를 사귀는 것과 내가 누구보다 좋은 친구가 되는 것이 상충되는 일일까?

깨달음으로 이끄는 숭고한 아름다움

요즘 유행하는 미술치료에 '만다라 그리기'라는 프로그램이 있다. 집중력 강화, 학습능력 증진, 스트레스 완화, 치매예방 등의 효과를 내세우는 이 프로그램은 '깨달음의 경지를 도형화한' 만다라를 직접 그림으로써 심리적 안정감과 평온함을 얻는 것이다. 이 만다라를 이용한 심리치료는 심리학자 칼 구스타프 융 덕분에 유명해진 것. 극심한 정신적 위기를 겪던 융은 매일 자신의 내면을 표현하는 원 형태의 그림을 그리면서 마음이 평온해지는 것을 경험하고는 본격적으로 만다라를 그리기 시작, 만다라의 치유효능을 확신하게 된다. 그리고 여러 환자들에게 만다라 그리기를 권유하면서 만다라 치유방식이 널리 알려진 것이다.

그렇다면 이 '만다라' 그림은 어떻게 그런 치유효과를 갖는 것일까?

만다라는 힌두교 탄트리즘과 불교 금강승의 종교적 수행 시에 수행 보조용으로 사용하는 도형을 가리킨다. 만다라 문양은 삼라만상의 원리와 우주의 흐름을 상징하는 것. 만다라라는 말은 산스크리트

어로서 '본질을 담고 있는 것'이란 의미다. 불교의 본질은 깨달음이기 때문에 만다라는 부처의 깨달음의 경지를 상징화해서 표현한 것. 결국 만다라는 수행자가 명상을 통해 우주의 에센스(불성)와 합일하고자 할 때 사용하는 깨달음의 안내도라는 의미가 있다. 심오한 정신세계를 그린 것이기 때문에 그것을 바라보는 것만으로도 정신이 정화되며, 그것을 직접 그려봄으로써 또한 심리적 안정을 얻고 영적 에너지를 느끼게 되면서 마음이 평온해지는 것이다.

실제로 티베트승려들은 수행 의식으로 매일 아침 모래로 만다라를 만든다. 그들은 다섯 가지 색상의 모래로 아름다운 만다라 작품을 창조하는데, 놀랍게도 그토록 심혈을 기울여 완성한 모래 만다라 그림을 완성과 함께 바로 소멸시켜버린다. 어렵게 만든 작품을 한순간 허물어뜨리면서 그 순간 삶의 고통을 만들어내는 원인인 집착과 소유욕이 사라지는 카타르시스를 느끼는 것이다.

실로 '마법의 원'이라 할 '만다라'를 보고 그리고 느끼는 행위는 굳이 종교인이 아니더라도 일상에서 요란하게 휘둘리는 마음을 가라앉히는 데 유용한 치유행위라 할 것이다.

만다라와 함께하는 생활, 스트레스 없는 삶의 시작이라니까.

불의의 인간이 만들어낸 처참한 광경

차마 눈 뜨고 보기 힘들 정도로 어질러진 광경, 끔찍하게 흐트러진 현장을 일컫는 말 '아수라장'은 고대 인도어로 '추악하다'는 뜻이다. 그리고 '아수라도'라고 하면 불교에서는 늘 싸움이 그치지 않는 골치 아픈 세계로서 살아 있을 때 남다른 교만과 질투로 다른 사람을 괴롭힌 사람이 죽어서 가는 지옥을 말한다.

여기서 '아수라'는 본디 고대 인도신화에 나오는 착한 신이었는데 후에 하늘과 싸우면서 악한 신이 되었다고 한다. 증오심이 충만해 싸우기를 좋아하는 탓에 전쟁의 신이라고도 불리는 아수라가 하늘과 싸울 때 하늘이 이기면 풍요와 평화가 오고 아수라가 이기면 빈곤과 재앙이 온다고 하는데, 이때 의외로 그들 승패에 결정적 힘을 발휘하는 것이 인간이다. 곧 인간들이 선행을 많이 해 이 세상이 정의로워지면 하늘의 힘이 강해져 이기게 되지만 반대로 못된 짓이나 해서 불의가 만연해 있다면 아수라의 힘이 세져 하늘이 지게 되는 것.

아수라는 얼굴이 셋이고 팔이 여섯인 흉측하고 거대한 모습을 하고 있는데 인도의 대서사시 〈마하바라타〉를 보면 하늘의 신인 비슈누 신의 원반에 맞아 피를 흘린 아수라들이 쓰러져 그 시체가 산처럼 겹겹이 쌓여 있는 모습을 그리고 있다. 피비린내 나는 전쟁터를 아수라장이라 부르는 것은 여기에서 유래한 것이다.

이 천둥벌거숭이 같은 악의 상징 아수라가 인간 '정의'에 약하다는 것은 참으로 재미있는 발상이다. '착하게 살자'는 구호는 예로부터 강력한 힘이 있었던 것. 문제는 선행이란 것이 착한 분위기에서 저절로 우러나오는 것이라야지 누군가의 시선을 의식하는 점수 따기 식의 위선적 선행은 효력이 없다는 것이다.

그런데 여기서 '천둥벌거숭이'란? 두려운 줄 모르고 철없이 덤벙거리거나 날뛰는 사람을 가리키는 이 말은 '벌거벗은 사람'이라는 뜻 외에 붉은 잠자리를 가리키기도 한다. 이 벌거숭이가 천둥이 치는데도 두려운 줄 모르고 이리저리 날아다닌 데서 생겨난 말. 천둥벌거숭이가 날뛰는 아수라장은 그야말로 현실의 지옥인 것이다.

나쁜 생각을 많이 하면 마음속이 아수라장이 되지. 그건 내가 만든 지옥이야.

마지막이라는 절박함 혹은 극단의 냉소

'막다른 데 이르러 어찌해볼 수 없게 된 지경'을 이르는 말 이판사판. 이는 이판과 사판이 결합된 것으로 알고 보면 참으로 의외의 뜻을 지닌 말이다. 이판과 사판이 무엇이냐 하면 바로 조선시대 불교 승려의 두 부류인 이판승과 사판승을 일컫는 말이었던 것. 그럼 이판승은 무엇이고 사판승은 무엇일까?

조선시대는 억불숭유정책을 표방했던 시기로 백성들에게 한껏 뿌리내렸던 불교는 왕조가 바뀜에 따라 하루아침에 탄압대상이 되고 말았으니, 천민계급으로 전락한 스님들 고민이 이만저만이 아니었다. 이때 스님들이 생존 방안으로 찾은 길이 두 가지가 있었으니, 그것이 이판승과 사판승의 길이다. 절이 없어지는 것을 막고자 절의 재물과 사무를 맡아 처리하는 일에 매진하던 스님이 사판승이고, 불법(佛法)의 맥이 끊어지는 것을 막고자 속세와 인연을 끊고 도를 닦는 일에 매진하던 스님이 이판승. 그런데 스님을 가리키는 이 말이 왜 '마지막 궁지' '끝장'의 의미가 되었을까?

그 당시 승려 신분이란 도성 출입도 불가능했을 정도의 최하계층으로 승려가 된다는 것은 막다른 상황에서의 마지막 선택이란 의미가 있었다. 또한 일제 시기와 8·15광복 후 건국 초기에 위정자들이 불교를 정치적으로 이용하고자 더욱 부정적 이미지로 몰아가 이 두 부류 승려를 서로 분열 반목케 해서 이판사판의 면목을 그대로 대중에게 심어주었던 것이다.

결국 '이판사판'은 대중들에게 무의식적으로 각인되어 스님에 대한 호칭이 아닌 달리 뾰족한 대안이 없을 때 사용하는 말이 된 것인데, 사실상 스님들에겐 억장이 무너지는 표현인 것이다.

그렇다면 여기서 '억장이 무너지다'는 말은? 억장은 본래 억장지성(億丈之城)의 줄임말로 성의 높이가 억 장이 될 정도로 높이 쌓은 성을 말하는 것. 그러므로 억장이 무너진다는 말은 억 장이나 되는 높은 성이 무너질 정도로 엄청난 일로, 그동안 공들여 애쓴 일이 아무 소용 없게 된 허무한 상태를 가리키는 말이다. 아무쪼록 절에서부터 서로가 반목하고 갈등 대립하는 '이판사판'의 상황이 물러나고 '극단적 처방'이 사라지는 사회가 되기를 바랄 뿐이다.

뭐 이렇게까지 됐으면 이판사판이지, 할 수 있는 만큼 본때를 보여주겠어.

시끌벅적 요란뻑적지근한 풍경

흔히 여러 사람이 모여 혼잡하게 떠드는 것을 '야단법석이 났다'고 하는데, 여기서 야단법석이란 불교 법회를 이르는 말이다. 법당 밖에서 괘불을 걸어놓고 하는 법회를 말하는 것인데, 옛날 석가탄신일 등에 수많은 사람이 절에 모일 때 이들 모두가 법당에 들어가서 법회를 할 수 없으므로 괘불(불상그림)을 걸어놓고 넓은 마당에서 법회를 했으니 이를 '야단법석'이라 했던 것이다.

'야단'이란 야외에 세운 단이란 뜻이고 '법석'은 불법을 펴는 자리라는 뜻. 즉 '야외에 자리를 마련해 부처님 말씀을 듣는 자리'라는 뜻이다. 이처럼 좋은 자리에 사람이 많이 모이다 보면 질서가 없고 시끌벅적하고 어수선하게 되기 마련인 법. '야단법석'이란 말은 절 밖으로 나가 경황없고 시끌벅적한 상태를 가리키는 일상용어가 되었다.

비슷한 말로 난장판이 있다. 이는 여러 사람이 떠들거나 뒤엉켜 뒤죽박죽이 된 곳을 일컫는 말이다. 옛날에는 관리로 등용되기 위해서는 반드시 과거를 거쳐야 했으니 과거를 볼 때가 되면 오로지 급제를 위해 수년 동안 공부한 양반집 자제들이 전국 각지에서 시험장으로 몰려들었다. 이렇듯 수많은 선비들이 모여들어 질서 없이 들끓고 떠들어대던 과거마당을 '난장'이라고 했던 것. 여기에서 정신없는 상태를 뜻하는 난장판이 생긴 것이다.

또 하나의 정신없는 '판'은 '아사리판'. 이 또한 질서가 없이 어지러운 곳이나 그러한 상태를 뜻하는 말이다. 아사리는 토박이말로 빼앗을 사람과 빼앗길 사람이 한데 어울려 무법천지가 된 것을 비유한 말이기도 하고 또 한편 덕망 높은 스님을 가리키기도 한다.

그런데 덕망 높은 아사리가 많으면 다양하고 깊은 의견들이 개진되고 토론하는 시간도 많이 걸릴 것은 자명한 이치. 하지만 이러한 모습을 겉으로만 보면 서로 자신의 주장만 앞세우는 매우 무질서하고 소란스런 모습으로 비칠 수도 있으니 이런 연유로 무질서한 현장을 뜻하는 말로 잘못 사용된 것이 오늘날의 아사리판이다.

아무튼 야단법석이 난 난장판에 아사리판이면 그야말로 혼쭐 쏙빠지게 진저리나는 상황을 뜻하는 것이다.

동물원에 새로 온 판다 손 한번 잡아보겠다고 애들이 야단법석 난리도 아니었다니까.

그럴싸하지만 진짜는 아닌 것

겉으로는 비슷해 보이지만 실제로는 전혀 다르거나 아닌 것을 이르는 말 사이비. 이는 공자님 맹자님 어록에 나오는 말이다. 공자 왈 "나는 비슷해 보이지만 실제로는 잘못된 것들을 미워한다. 잡초를 미워하는 것은 벼의 싹과 혼동될까 걱정해서요, 간사함을 미워하는 것은 정의와 혼동될까 걱정해서이니라."

공자는 덕 있는 군자인 척하는 사람들을 '덕을 훔치는 자'라고 평하며 이러한 지방 토호들을 비난했는데, 어느 날 맹자의 제자 만장이 이 '덕을 훔치는 자'에 대해 묻자 맹자는 다음과 같이 공자의 말을 풀어주었다. "겉보기엔 신의가 있고 청렴해 보이며 또한 스스로 옳다고 생각하며 행동하지만 그들은 성인의 참된 도를 알지 못한다. 공자께서 비슷하지만 그릇된 것을 미워하는 이유는 그들 겉모습이 참된 사람의 덕과 혼동을 주기 때문이니라."

이처럼 공자는 인의에 뿌리를 내리지 못하고 겉만 번지르르하고 처

[둘째 어휘군]
다채로운 삶의 빛깔에 물들어라

세술에 능한 사이비를 '덕을 해치는 사람'으로 보고 미워했다. 원리 원칙과 상식이 통하지 않는 사회일수록 사이비가 활개를 치는 법인데, 그들 대부분은 정도를 무시하고 시류에 쉽게 편승하며 자신의 본분을 망각하거나 말로 사람을 혼란시키는 사회의 암적 존재들인 것.

대표적인 사이비 행태는 사이비종교로 나타나는데, 사이비종교란 거짓과 권모술수로 행해지는 종교, 즉 종교의 기본이라 할 자기 성찰 없이 교주의 개인적 욕망을 짐짓 신성하게 위장한 거짓종교를 말한다.

아무튼 사이비를 추구하는 인간들은 아마도 시치미 떼는 데 일가견이 있는 사람들일 텐데, 그렇다면 '시치미 떼다'는 말은? 옛날에는 매사냥을 할 때 길들인 매를 이용했다고 하는데 이 귀한 매를 잃어버릴까봐 매 꼬리 위 털 속에다 소뿔로 얇게 만든 이름표를 매달았으니 이것을 '시치미'라고 했다. 따라서 시치미를 떼면 누구의 매인지 알 수 없게 되므로 지금과 같은 뜻이 생겨난 것이다. 아무튼 시치미 떼는 사이비를 분별하는 지혜가 필요한 시대다.

무쇠처럼 튼튼한 방비책
혹은 닫힌 마음의 문

무쇠로 만든 독처럼 튼튼히 쌓은 산성이라는 뜻의 철옹성은 그 어감만으로도 '매우 튼튼한 무엇'이라는 느낌을 준다. 실제 철옹성은 고려 임금 성종이 함경도 개마고원 지역에 쌓은 성을 말하는 것으로 이 성이 멀리서 보면 깎아지른 듯한 절벽 위에 무쇠솥을 엎어놓은 형상처럼 보인다 해서 '무쇠로 둘러진 성'이라 불리게 되었다고 한다. 성의 구축 목적은 당시 북쪽의 거란이나 여진족의 침입을 방어하기 위한 것과 함께 우리나라의 옛 영토인 북쪽으로 진출하기 위해서였다고.

철옹성이란 말 뜻 그대로 철로 두른 성이기 때문에 감히 적들이 함락할 수도 침범할 수도 없을 만큼 방비가 튼튼하고 무너뜨리기 어려운 성이다. 따라서 일상생활에서도 철옹성 같다는 말은 원뜻 그대로의 의미를 갖는다. 또한 마음 문이 철통같이 닫혀 있는 사람을 비유하는 말로도 사용되니, '마음이 철옹성 같다'고 하면 굳은 의지로 결코 흔들림 없는 사람의 심성을 나타내는 것이다.

이와 유사한 서양언어가 바로 마지노선이다. 난공불락 요새선으로 구축된 서양의 철옹성 '마지노선'은 그 튼튼함으로는 막강한 위세를 떨쳤지만 결국 빈틈을 보여 방어벽으로서의 존재가치를 상실한 안타까운 철옹성이다.

또한 마지노선이 무너지듯 간절히 염원하고 이루었던 일이 아무 보람 없이 무너지는 것을 일컫는 말이 '도로아미타불'이다. 옛날 어떤 고을로 탁발 나갔던 젊은 스님이 아리따운 처녀를 보고 그만 상사병에 걸렸다. 번민 끝에 스님은 처녀에게 청혼을 했고 이에 처녀는 10년 동안 한방에서 동거하되 자신의 몸에 손대지 않고 친구처럼 지내면 10년 후에는 아내가 되겠다고 약속한다. 그로부터 세월이 흘러 내일이면 10년이 되는 날 밤, 스님은 사랑스런 마음에 그만 하루를 못 참고 처녀의 손을 잡으니, 깜짝 놀란 처녀는 파랑새가 되어 날아가버렸다는 이야기에서 '10년 공부 도로아미타불'이라는 속담이 생겨난 것. '도로'는 헛수고를 뜻하고 '아미타불'은 서방에 계신 부처님을 일컫는 말. 아미타불을 만나고자 하는 노력이 헛수고가 되었다는 것이다. 순간의 실수가 마지노선도 철옹성도 무너뜨릴 수 있는 것이다.

철옹성같이 닫힌 마음의 문을 열게 하는 데 필요한 건 지치지 않는 사랑밖엔 없어.

미모가 무기가 되는 인생 처세

고대 병법서 《삼십육계》는 전투에서 이기기 위한 36가지 계책을 가르치는 것인데 그중 하나가 미인계다. 미인계는 '패전계(敗戰計)' 즉 형세에 순응해 일시적으로라도 적을 섬겨야 하는 경우 불리한 상황에서 빠져나오기 위한 비상책 중 최고의 계략으로 등장한다. 월나라 왕 구천이 서시라는 미인을 오나라 왕 부차에게 보내 그가 서시에게 퐁당 빠져 국사를 돌보지 않는 틈을 타 일전의 패배를 승리로 뒤바꾼 데서 나온 말이다.

그러나 역사상 미인계가 반드시 패전계로만 쓰였던 것은 아니다. 제1차 세계대전 당시 독일과 프랑스 사이를 오가며 스파이 활동을 했던 매혹적 여성 마타하리를 비롯해 동서양 전투사에서 미인계는 적극적인 승리의 계책으로 즐겨 사용됐던 것이다. 이렇듯 미인계라 하면 미인을 미끼로 상대를 꾀는 계교를 뜻하는 것으로 여성이 수단이 되는 측면이 있는데, 요즘은 여성 스스로가 자신의 미모를 무기로 자신의 이익을 도모하는 것에도 미인계를 쓴다고 말한다. 이때는 단순한 외적 아름다움뿐만 아니라 지적 매력까지 겸비해야 그 원하는 목표를 성취해내는 일이 순조로울 것이다.

그런데 미인계의 원조가 된 월나라 서시는 실로 얼마나 아름다웠는지 그녀의 미모를 감탄하다 못해 그녀의 행동 하나하나를 따라하는 여성까지 생겼다고 한다. 서시는 위장병이 있어 속이 쓰릴 때면 손으로 배를 어루만지며 양미간을 잔뜩 찌푸리곤 했는데 이를 본 사람들은 그 모습조차 아름답다 하였으니, 그녀를 따라하면 자신도 예뻐 보일까봐 '동시'라는 여인이 서시의 미간 찌푸리는 모습을 그대로 흉내내고 다녔단다. 하지만 동시는 천하박색인지라 그 모습을 본 모든 사람들이 눈길을 홱 돌려버리거나 심지어 그녀 그림자만 봐도 도망갔다는데. 이로써 '동시효빈(東施效嚬)'이란 말까지 생겼다. 남의 결점을 장점인 줄 착각하고 따라하거나 맥락 없이 덩달아 흉내내는 어리석음을 가리키는 말이다.

사실상 아름다움의 기준이란 애매모호하기 이를 데 없는 것. 있는 그대로의 자신의 모습, 세상에서 단 하나뿐인 자신의 매력에 자신감을 갖고 당당해진다면 그 자체로 미인계가 되는 것 아닐까?

미인계를 좀 쓰라고, 예쁜 얼굴 들이대라는 게 아니라 상냥하고 친절하게 하란 말이야.

부처님 손바닥, 그 안팎의 환상여행

우리에게 너무도 친숙한 손오공과 저팔계, 사오정 등이 주인공으로 등장하는 소설 서유기는 중국의 4대 기서(奇書) 중 하나로 동양을 대표하는 환상 모험 소설이다. 소설 줄거리는 단순하다. 용맹하나 불같은 성격의 손오공과 간계하고 탐욕스러운 저팔계, 우직하나 미련스러운 사오정이 독실한 불교신자지만 무능력해 보이는 현장법사를 수행하며 불경을 구하러 서역으로 떠나는데, 그 여행길에서 인간세상의 온갖 재난을 상징하는 81가지 재난을 만나 이를 극복하고 결국 목적한 불경을 구해 돌아와 모두 성불한다는 것.

이는 분명 소설이므로 각 주인공들은 모두 새롭게 창조된 인물이지만 이 중 승려 현장은 실존인물이다. 실제 현장법사는 629년 30세 나이에 홀로 타클라마칸 사막을 지나 천축(인도)으로 불경을 구하러 갔다가 17년 만에 인도어로 된 불경 657부를 가지고 돌아왔으니, 당시 당 태종과 백성들은 현장을 열광적으로 환영했고, 현장은 당나라 수도인 장안에 번역소를 차리고 가져온 인도어 경전을 중국어로 번역해 불교 전파에 힘썼다. 그리고 현장은 여행길에 겪은 갖가지 기이한 일을 제자들에게 들려주었는데, 그가 겪은 고생담과 서역의 진기한 풍경 이야기가 날이 갈수록 보태지고 윤색되어 드디어 명나라 중엽 오승은이라는 작가가 소설 서유기로 탄생시킨 것이다.

소설 속에서 가장 빛나는 인물 손오공과 관련해서는 '부처님 손바닥'이라는 표현이 유명하다. 손오공이 자기 잘난 맛에 물불 안 가리고 소란을 피우자 부처님이 "한 번에 내 손바닥을 벗어나면 소원을 들어주고 그렇지 못하면 벌을 주겠다"고 하자 손오공이 단숨에 날아올라 구름 위로 솟은 기둥에 '손오공 다녀가다' 라고 쓰고는 부처님한테 돌아와 의기양양 자랑하는데, 자기가 쓴 글씨가 부처님 손가락에 쓰여 있었던 것. 결국 손오공은 수만 리를 날았건만 부처님 손바닥을 벗어나지 못한 것이다. 여기서 '뛰어봤자 벼룩'이란 뜻의 '부처님 손바닥' 이란 뜻이 만들어졌다.

손오공의 이름 '오공(悟空)'은 불교의 '득도'를 가리키는 것임을 생각할 때 이 소설에서 손오공의 깨달음을 이해하는 것은 매우 중요하다.

서유기를 제대로 이해해보고 싶어. 재미도 재미지만 상당히 철학적인 이야기 같거든.

인생의 진리를 느끼게 하는
가공의 역사

흔히 삼국지를 한 번도 읽지 않은 사람과 세 번 이상 읽은 사람과는 상대도 하지 말라는 말이 있다. 무슨 말일까? 한 번도 읽지 않은 사람은 너무 무식해서이고 세 번 이상 읽은 사람은 이미 삼국지에 나오는 지략을 다 파악해서 너무 영악하기 때문이다. 그 정도로 삼국지의 위상은 대단한 것. 삼국지는 한마디로 충의의 교훈과 생활의 지혜가 절절히 녹아 있는 거대한 인생 전략서인 것이다.

촉나라와 오나라 위나라, 이 세 나라가 성립되고 분열하는 이야기를 다룬 삼국지는 나관중이 지은 소설 《삼국지연의》를 말하는 것으로 이것은 정사 삼국지를 바탕으로 저술한 픽션이다. 학자들 분석에 따르면 사실이 70%, 허구가 30%라고 하지만 엄연한 소설인 것.

삼국지의 배경은 한 고조 유방이 천하를 통일한 후 400년이 지난 시점, 천하가 다시 어지러워지자 각지의 영웅호걸들이 뜻을 뭉쳐 일어서니 바야흐로 조조의 위, 유비의 촉, 손권이 이끄는 오의 삼국시대가 펼쳐진 때다. 이 삼국의 지휘자뿐만 아니라 이 이야기 속에 등장하는 영웅들의 활약은 그 면면이 모두가 실로 눈부시다. 우선 촉나라의 지략가 제갈공명, 그는 감동적인 '출사표' 하나만으로도 독자의 시선을 강하게 사로잡는다. "신은 몸을 굽혀 모든 힘을 다할 것이요, 죽은 후에야 그만둘 것입니다. 성공할지 실패할지, 이로울지 해로울지에 대해서는 지금 미리 내다보지 못합니다."

그리고 각기 충신의 전형과 과감한 용맹무쌍함으로 유명한 관우와 장비 등 수많은 인물들이 생동감 있는 드라마를 펼치는 삼국지는 우리나라에도 번역본만 해도 수십 종이 되는데, 각각의 번역본이 나름의 장단점이 있다. 월탄 박종화의 삼국지는 유비, 관우, 장비 세 인물의 의리에 중점을 두었으며, 황석영의 삼국지는 원문에 가장 충실했다는 평가를 받는다. 그리고 이문열이 평역한 삼국지는 조조에 초점을 맞춰 기존 삼국지와 차별을 두었는데 이에 대해서는 시각에 따라 호불호가 나뉘는 편.

이외에도 여러 작가들의 번역본이 나와 있는데, 원본 작가의 시선만큼이나 번역자의 시선 또한 다채롭다. 삼국지는 실로 다양한 색깔을 가진, 말 많고 생각 많게 하는 책인 것이다.

삼국지 등장인물은 읽히는 시대에 따라 그 인기순위가 달라지는 것 같아. 지금은 누구의 시대일까?

참을 수 없는 엉뚱함
그리고 진지함

서유기 등장인물 중 캐릭터 변신이 가장 많은 인물 사오정. 사오정은 원래 말할 수 없이 '진지'한 성격의 소유자다. 이름부터가 '오정(悟淨)' 즉 고요함을 깨친 인물인 것이다. 그런데 천성이 조용한 인물 사오정이 허영만의 만화 《날아라 슈퍼보드》에서 개성 넘치는 캐릭터로 재탄생한다. 거적때기를 걸치고 허름한 외모를 가진 보라색 괴물로 등장하는 것이다. 거기에 머릿살 주름에 귀가 파묻혀 가는귀를 먹은 탓에 주름을 걷고 귀에 대고 이야기하지 않으면 말귀를 못 알아먹는 엉뚱한 인물로 그려져 의외의 인기를 얻게 된다.

이로부터 사오정은 유머 시리즈 단골 메뉴로 등극하게 되었는데, '사오정 면접대답'은 대표적인 우스갯소리. 그러니까 사오정이 손오공과 함께 면접을 보게 되었단다. 손오공이 먼저 면접을 보고 사오정에게 정답을 알려준다. 면접 질문은 세 가지.

첫째 "좋아하는 축구선수는?" 둘째 "산업혁명이 일어난 때와 장소는?" 셋째 "UFO가 존재한다는 것에 대한 생각은?" 손오공이 가르쳐준 정답은 첫째 "이전에는 차범근이었지만 지금은 박지성." 둘째는 "18세기 영국." 셋째는 "다들 그렇다고 하지만 과학적 근거는 없다고 본다."

손오공의 정답을 외우고 면접장소에 들어간 사오정에게 던진 면접관의 첫 번째 질문, "자네 이름은?" 사오정 왈 "이전에는 차범근, 지금은 박지성입니다." 이어지는 두 번째 질문 "자네 언제 어디에서 태어났나?" 사오정 왈 "18세기 영국입니다." 황당해진 면접관의 세 번째 질문, "자네 혹시 미쳤다는 소리 안 듣는가?" 사오정 왈 "다들 그렇게 말하지만 과학적 근거는 없다고 봅니다."

애초에 고요함 속에 자신을 돌아보는 일의 귀재로 탄생한 사오정이 어쩌다 이렇게 말귀를 못 알아듣는 얼빠진 캐릭터가 되었는지, 나락으로 떨어진 사오정의 현실이 조금은 안타깝기도 하지만, 그래도 인기 하나만으로는 손오공에 버금가니 그나마 다행이라고 해야 하는 걸까?

빛나는 한 줄 어휘

사오정은 '45세가 정년'이라는 말로, 40대 직장인들의 조기 퇴출 처지를 비유하기도.

백팔 호걸의 삶과 죽음, 그 치열함에 경외를

시대가 변해도 사랑받는 이야기의 힘은 어디에서 나오는 것일까? 바로 등장인물의 생동감, 지금까지도 살아 숨 쉬는 그들의 열정적 호흡 아닐는지.

"여기 펼치는 수호지는 저물어가는 송조(宋朝)의 하늘에 한 무리 장려하고 처절한 노을처럼 비끼었다 사라져간 백팔 호걸의 삶과 죽음의 이야기다." 이것은 수호지 시작에 실린 작가의 말이다. 이처럼 씩씩한 108명 장수들의 개성과 의리, 충성 등 사회악을 처단하며 정의를 위해 살다간 호걸들의 이야기를 그린 것이 《수호지》다.

《수호지》는 12세기 초 산적 송강과 그를 따르는 유협들의 실화에 바탕을 두고 명(明)나라 때 만들어진 장편 무협소설로, 북송(北宋) 때 송강을 수령으로 한 108명의 영웅호걸들이 양산박에 모여 간사하고 악독한 무리와 탐관오리를 징벌한 후 조정에 귀순하지만, 호걸들은 점차 흩어지고 수령인 송강도 누군가의 계략으로 끝내 비참하게 죽는다는 내용이다.

지금 기준으로 보면 지나치게 폭력적이고 여성혐오적인 묘사가 거슬리기도 하지만 생생하고 세밀한 《수호지》만의 인물묘사는 중국소설 중에서도 압권으로 독자의 무한 상상력을 자극한다. 내용 중 농민 반란을 찬양하는 부분이 있어 중화인민공화국 건국 이후에는 국가 차원에서 권장도서가 되기도 했는데, 이 책은 특히 마오쩌둥이 무척 좋아했다고도.

도적을 미화했다는 비판을 받기도 하지만 인물행위의 옳고 그름이야 시대변화와 함께 달라지는 것. 그런 선악 시비를 떠나 그 시대가 안고 있었던 고난과 역경을 헤쳐나가는 수많은 호걸들의 장렬한 삶의 투쟁을 긴박감 있게 들여다볼 수 있다는 점만으로도 《수호지》는 현재 우리가 읽어보아야 할 충분한 가치를 갖는 작품이다.

중국 역사서를 시기적으로 구분해서 읽으려면 먼저 진시황 통일기까지의 고대를 다룬 《열국지》, 그리고 통일 후부터 항우가 전사하는 BC 202년까지의 이야기를 다룬 《초한지》, 그리고 동한 말기부터 서진의 통일기까지 약 100여 년의 세월을 다룬 《삼국지》를 읽고 그러고 나서 《수호지》를 읽으면 된다. 물론 순서대로 감동이 오는 것은 아니고, 읽는 순서 또한 중요하지는 않지만.

빛나는 한 줄 어휘

수호지처럼 장렬한 이야기의 감동은 역시 사나이들의 의리와 사랑에서 오는 것 아니겠어?

외설이 드러내는,
부질없는 쾌락의 허무함

수직적 권력 관계가 형성된 곳이라면 어느 사회건 금서, 즉 금지된 서적이란 게 있다. 중국 명나라 때 대표적 금서로는 《수호지》와 《금병매》가 있었는데, 《수호지》는 내용상 '관(官)이 압박하면 민(民)이 반항한다'는 민중의 의지와 희망이 반영되어 있고 도둑질을 가르치는 책이라는 것이 이유였다면 《금병매》는 노골적으로 성을 묘사한 외설문학의 대표 주자라는 게 그 이유였다.

　하지만 중국의 명문가 루쉰은 《금병매》를 명나라 때 소설 가운데 인간 세태를 가장 잘 표현한 '인정소설(人情小說)'이라고 평하며 그 가치를 높이 샀다. 우리 또한 이 책을 음란한 작품으로 기억하는 사람들이 많은데, 명색이 중국 4대 기서(奇書)에 들어가는 작품이 어찌 음란하기만 하겠는가. 엄격한 도덕률에 매인 조선시대에 전래되어 '야한' 내용을 드러내놓고 읽을 수 없었을 뿐. 하지만 세월이 지나면 그 '야한' 것에 대한 평가도 달라졌으니 중국에서는 《홍루몽》을 전문으로 연구

[둘째 어휘군]
다채로운 삶의 빛깔에 물들어라

하는 '홍학(紅學)'과 《금병매》만을 전문으로 연구하는 '금학(金學)'이 활발하다고 한다.

금병매 이야기는 앞뒤 두 부분으로 나뉘는데, 앞부분에서는 주인공 서문경이 나쁜 꾀를 내어 여자를 유인해 치부를 하고 뇌물로써 관직을 얻어 성공해가는 과정을 중심으로 그와 그의 처 그리고 소첩, 그를 둘러싼 사람들의 일상생활을 상세히 묘사했다. 그리고 뒷부분에서는 그가 색욕, 물욕, 명예욕을 충족시키고 자만의 절정에 도달해 있을 때, 반금련으로부터 춘약(일종의 비아그라)을 적정량 이상 받아먹고 급사한 후 가족들의 비참한 생활 상태를 묘사하고 있다.

그런데 이 작품 속 등장인물 무송과 무대, 반금련은 《수호지》에 나오는 인물 아닌가? 그렇다. 이 책은 《수호지》의 서문경과 반금련의 정사(情事)에 이야기를 보태 명대 사회의 상인과 관료, 그리고 무뢰한의 어둡고 추악한 작태를 폭로한 것. 금병매라는 제목은 서문경의 여러 여자 중에 유명한 반금련, 이병아, 춘매에서 한 글자씩 따온 것이다. 그런데 외설로 느껴지는 《금병매》의 내용은 사실상 쾌락의 부질없음을 역설하는 것이기도.

영화 '금병매'는 거의 포르노에 가깝던데. 원작이 갖는 나름의 깊이감이 전혀 없어.

절대 갈 수 없으나 정녕 가고 싶은 곳

예나 지금이나 동양이나 서양이나 왜 사람들은 하염없이 이상향(理想鄕)을 꿈꾸는 것일까? 그것은 바로 지금 이곳의 부당한 현실을 비판하고자 하는 인류 공통의 의지라고도 할 수 있을 텐데, 이상향의 서양 대표가 유토피아라면, 동양 대표가 바로 무릉도원이다. 유토피아가 '없는 곳'이란 뜻을 갖고 있듯 무릉도원도 복숭아꽃 피는 아름다운 곳이지만 속세를 떠난 저 먼 이상향으로 갈 수 있는 곳은 아니다. 동진(東晉) 때의 시인 도잠의 글 〈도화원기(桃花源記)〉에 나온다.

어느 날 어부가 고기를 잡기 위해 강을 거슬러 올라가는데, 한참을 가다보니 물 위로 떠내려오는 복숭아 꽃잎 향기가 너무도 달콤한지라 그 향기에 취해 따라가다 보니 어느새 작은 동굴 입구까지 와 버렸다. 어른 한 명이 간신히 들어갈 정도의 동굴 입구를 가까스로 들어가 보니 별안간 확 트인 밝은 세상이 나타나면서 그곳에는 끝없이 너른 땅과 기름진 논밭, 풍요로운 마을과 뽕나무, 대나무밭 등 기가 막히게 아름다운 풍경이 펼쳐져 있었다.

또한 그곳 사람들은 모두 얼굴 가득 미소를 띠고 행복하게 살고 있었으니, 어부는 그곳에서 며칠간 융숭한 대접을 받고 떠나면서 나오는 길목마다 표시를 하고 돌아와서는 즉시 고을 태수에게 사실을 고한다. 이에 태수는 기이하게 여겨 사람을 시켜 그곳을 찾으려 했으나 찾을 수 없었다는 것. 이후 도원경은 이야기로만 전해지는 이상향이 되었다는 이야기다.

그렇다면 우리나라 이야기에도 이상향이 등장하지 않겠는가. 바로 허균의 〈홍길동전〉에 나오는 율도국이 최초의 이상향. 무릉도원이 인위적으로 만들어진 이상 세상이 아니라 외부 세계와 차단되어 일반 사회의 폭압적 정치나 부패 등에 물들지 않은 채 인간 본연의 심성으로 살아가는 꿈속 같은 사회를 그렸다면, 율도국은 단순한 유토피아를 넘어 사회 모순을 적극 비판하는 곳으로서 역사적 의의를 가진다.

율도국이나 무릉도원이나 모두 지금 당장 갈 수는 없을지라도 지향해야 할 가치임에는 분명한 듯한데, 사실상 마음먹기에 따라서는 지금 내 자리가 무릉도원일 수도 있지 않을까?

빛나는 한 줄 어휘

중국 운남성에는 '상그릴라'라는 실제 무릉도원이 있다던데, 한번 가봐야 하지 않을까?

나를 이기고
세상을 이기는 힘

'지피지기(知彼知己)면 백전불태(百戰不殆)라!' 즉 적을 알고 나를 알면 백 번 싸워도 위태롭지 않다는 뜻의 이 명언이 바로 《손자병법》에 등장하는 것이다. 중국 고대의 병법서인 《손자병법》은 춘추시대 오나라 합려를 섬기던 명장 손무가 지은 것. 여기서 손자는 그를 높여 부르는 호칭이다. 병법서로 전장에서의 싸움을 승리로 이끌기 위한 전략서인 《손자병법》은 시대를 초월해 언젠가부터 일반인들의 처세서로 각광받고 있다. 현대인의 삶터가 바로 전장이기에 전쟁 같은 삶을 견디고 이겨내는 데 《손자병법》은 너무도 유용한 지혜를 전해주는 것이다.

전 4권으로 구성된 《손자병법》은 3권까지는 이 책이 쓰인 과정을 담고 있으며 마지막 권에 가서 병법 전략을 소개하는데, 다양한 중국 고사와 더불어 이야기를 풀어가는 이 책의 전략지침은 현재 어느 상황에 적용시켜도 무리가 없을 만큼 인간사회의 정체를 정확히 파악하고 있다. 예로부터 전장에서 많은 무장들에게 존중된 《손자병법》은 한국에서도 많은 무신들이 이를 지침으로 삼았으며 조선시대 때는 역관을 뽑는 시험 교재로 채택되기도 했다.

그런데 이 싸움판 전략서의 중심이 되는 이론은 아이러니하게도 "싸우지 않고 승리하는 것"이다. 그러니까 항상 주동적 위치를 선점해 싸우지 않고도 승리하는 것을 최고의 지략으로 보는 것이다. 병서라 하기엔 어쩌면 지나치게 비호전적인 것이 또한 이 책의 특징이라 할 수 있겠다.

이 책의 전략을 잠깐 언급하면 이렇다. "전쟁이란 속임수다. 그러므로 능하면서 무능한 듯이 보이게 하고 가까움을 먼 듯이 보이게 하며 먼 것을 가까운 듯이 보이게 해야 한다. 이로운 듯이 보이게 해서 유인하고 혼란시켜놓고 탈취하며, 견실하면 방비하고 강인하면 피하며, 노엽게 만들어 뒤흔들고 자기를 비하시켜 저자세로 보여 적으로 하여금 교만하게 하고, 적이 편안하면 피곤하게 하고 화친하면 이간시키고, 그 방비가 없는 곳을 공격하고, 그 뜻하지 않을 때에 무찌른다. 이것이 전쟁에 능한 자의 이기는 법이다." 고개가 절로 끄덕여지는 한 편의 대사 같지 않은가. 인생이란 연극무대 위에서 보다 완벽하고 멋진 연기를 하기 위해서는 이와 같은 손자병법의 지혜가 지금도 필요한 것이다.

손자병법 지혜의 핵심은 잘 싸우는 데 있는 게 아니라 싸움이 없게 하는 데 있다니까.

나를 죽이는
쓸데없는 고집

고집이 지나치면 아집이 되는데 아집이 강한 사람을 옹고집이라 부른다. 모든 상황을 '나' 중심으로만 바라보면 이런 옹고집이 생기기 쉬운 것. 이렇듯 지나친 고집이 생기는 원인은 사실상 둘 중 하나다. 머리가 나쁘거나 아니면 스스로에게 자신이 없거나.

옹고집이란 말은 고전소설 〈옹고집전〉에서 나온 말이다. 옹고집전은 원래 판소리 열두 마당의 하나였으나 지금은 소설로만 남아 전한다. 소설 속 옹고집은 지나친 고집을 가진 지독한 구두쇠로 등장한다. 심술 사납고 인색하며 머리가 나빠 사리분별 능력이 떨어지면서도 자기 고집 하나만은 절대 꺾지 않는 그런 사람으로. 걸인이나 중이 와서 구걸해도 동냥을 주기는커녕 욕설을 하고 쫓아버리는 못된 심보까지 있었으니 이 소문을 들은 한 도사가 그의 나쁜 고집을 고치러 나선다. 짚으로 만든 허수아비를 옹고집과 똑같은 사람으로 둔갑시켜 진짜 옹고집 행세를 하게 한 것. 이로써 가짜 옹고집에게 밀린 진짜 옹고집은 집에서 쫓겨나고 걸식으로 겨우겨우 살아가면서 지난날의 잘못을 뼈저리게 뉘우쳤으나 때는 이미 늦었으니. 절망 끝에 진짜 옹고집은 죽음의 길을 택해 벼랑으로 올라가는데 그때서야 도사가 나타나 그를 구원해주고 이 옹고집은 새사람이 된다는 이야기.

고집 센 사람을 일컫는 말로 옹고집 외에 '벽창호'라는 표현도 있다. 벽창호는 '벽창우'에서 변한 말. 벽창우란 '평안북도 벽동과 창성 지방에서 나는 크고 억센 소'를 가리키는 것으로 고집 세고 무뚝뚝한 사람을 뜻하는 말로 쓰이게 되었다.

비슷한 말로 '독불장군'이란 표현도 있다. 이는 무슨 일이든 자기 생각대로 혼자서 처리하는 사람 또는 다른 사람에게 따돌림당하는 외로운 사람을 말하는 것. 혹은 혼자서는 장군이 될 수 없다는 뜻으로 어떤 일을 할 때 남과 의논하고 협조해야 함을 이르는 말이기도 하다.

아무튼 언제라도 잘못을 저지르지 않는 인간은 없다. 잘못을 하고서 그것이 잘못인 줄 모르는 것이 문제일 뿐. 잘못을 인정하고 그것을 고칠 수만 있다면 잘못은 더 이상 잘못이 아니다. 고집이 세다는 것은 정녕 자신의 잘못을 모르는 것이기에 안타까운 일인 것이다.

고집 중의 왕고집, 옹고집, 똥고집을 부리는 것은 어리석은 자의 치졸한 허세일 뿐.

남남북녀의 유쾌한 섹스 코미디

옛날에는 양반 아닌 상민이 죽으면 죽은 시신을 지게에 가로로 지고 갔는데, 여기서 가로로 진 시신을 가루지기라고 한다. 이 가루지기들이 여럿 등장하는 이야기가 바로 〈가루지기전〉. 이것은 옛 광대들이 입에서 입으로 전하던 소리타령을 조선 고종 때 신재효가 문자로 바꿔 후세에 남긴 개작 판소리로 일명 변강쇠타령, 횡부가(橫負歌)라고도 한다.

가루지기타령은 신재효가 지은 판소리 사설 여섯 마당 가운데 가장 이색적인 작품이다. 적나라한 성 묘사와 노골적인 음담패설이 극 전편에 깔려 있는, 한국 고전에서 보기 드문 성문학인 것이다.

예술 작품에서 금기로 여기는 '성(性)'과 '죽음'을 노골적으로 다룬 가루지기의 줄거리는 이렇다. 북쪽 평안도에서 태어난 옹녀와 남쪽 전라도에서 태어난 변강쇠는 제각기 음란한 생활을 해온 호색한 호색녀인데, 여자는 북쪽 여자라 남쪽으로 가고 남자는 남쪽 남자라 북쪽으로 가다가 도중에서 만나 곧장 결혼해서는 지리산에 들어가 살게 된다. 그런데 어느 날 변강쇠는 장승을 패어 때다가 동티가 나서 죽고 만다. '동티난다'는 것은 자연물을 잘못 건드려 재앙을 받는다는 것. 혼자 남은 옹녀는 변강쇠 장사만 지내주면 누구든지 같이 살겠다고 하니 주변 남자들이 서로 하겠다고 덤비다가 공연히 모두 죽어나갔다고 한다. 그래서 모두 가루지기가 되었다는 이야기.

실제 전해지던 변강쇠와 옹녀 이야기는 그 성적 표현이 지나치게 비속했으나 신재효는 이를 서민 취향의 차원 높은 문학으로 개작했다고 하는데, 나름 충격적인 소재와 사회비판적 시선을 담보한 이 작품은 만화, 영화로도 만들어져 오늘날까지도 그 생명력을 이어오고 있다.

표면적으로는 성과 육체를 부정하는 듯한 내용이지만 사실상 오히려 그것을 긍정하는 듯한 오묘함이 있는 이 이야기는 아마도 실학 사상의 영향을 받은 듯, 조선 후기 사회 부적응자들의 현실을 반영하는 측면이 있다.

아무튼 성적으로 원기왕성한 변강쇠와 옹녀 이야기는 어쩌면 건강한 성문화를 배려한 조상의 지혜로도 볼 수 있지 않을는지.

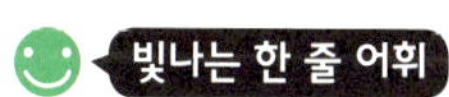

빛나는 한 줄 어휘

술자리 꼴불견 1위는 분위기 파악 못하고 끊임없이 음담패설 지껄이는 사람인 듯.

실상을 가려버리는 못 말리는 어리석음이여!

"그는 오른손을 들어 자신의 뺨을 두세 차례 힘껏 후려쳤다. 화끈거리고 아팠다. 실컷 때리고 나자 그때서야 마음이 좀 후련해졌다. 때린 것은 자기고 맞은 사람은 남인 것 같은 느낌이 들었다. 그리고 시간이 조금 흐르자 자기가 남을 때린 것으로 생각이 바뀌어 있었다. 아직 화끈거리고 아팠지만 그는 승리감에 도취해 자리에 누웠다."

'현대 중국 문학의 아버지'로 불리는 루쉰(魯迅)의 대표작 〈아큐정전〉에 나오는 이 장면은 세상사를 자의적으로 해석하고 착각하는 얼간이의 전형으로 등장하는 주인공 아큐의 특징을 잘 묘사한 것이다.

〈아큐정전〉은 신해혁명을 배경으로 당시 무지몽매한 중국 민중과 혁명의 허구성을 신랄하게 비판한 작품이다. 스스로 혁명당원이라 여겼으나 도둑으로 몰려 총살되어 죽는 아큐의 헛된 운명과 혁명 앞에서도 무탈한 지주 집안을 대조적으로 묘사함으로써 실패한 신해혁명을 풍자하고 있다. 신해혁명이란 1911년(신해년) 청조(淸朝)

를 넘어뜨리고 중화민국을 성립시킨 중국 부르주아 민주주의 혁명을 일컫는 것.

소설 속 아큐는 놀라울 정도로 무기력한 인물로 그 무엇에도 분노하지 않으며 오히려 자신이 가진 모든 방어기제를 동원해 모든 문제를 합리화시켜버리는 모습을 보인다. 건달들에게 얻어맞고도 자신이 최고라고 생각하고 잊어버리는 등. 루쉰은 이러한 아큐의 성격을 '정신 승리법'이라 지칭하며 현란하게 조롱하는데, 이는 실제로는 승리하지 못했음에도 불구하고 자기 착각을 일으켜 자위하고 넘어가는 20세기 초 중국 사회와 중국인들에 대한 울분의 표현이다.

그런데 소설 속에서 묘사된 '못 말리게 어리석은' 인물 아큐는 20세기 초 중국에만 등장한 것일까? 물론 아니다. 아큐는 지금 우리 사회를 포함한 세상 어느 곳에서든 존재하는 하나의 인간 유형일진대, 사람의 모든 불행의 근원은 이렇듯 실상을 보지 못하는 어리석음에서 비롯되는 것. 진실을 보는 눈을 갈망하는 루쉰의 호소는 늘 현재 진행형으로 남아 있는 것이다.

꼭 루쉰의 소설 속 아큐처럼 이상한 자존심을 갖고 있네. 그건 자존심이 아니라 유치한 자기합리화라고.

사랑 그리고 사람, 그 두 가지 쓸쓸함에 대하여

"국경의 긴 터널을 빠져나오자, 눈의 고장이었다. 밤의 밑바닥이 하얘졌다. 신호소에 기차가 멈춰 섰다."

근대 서정문학의 대표작으로서, 1968년 작가 가와바타 야스나리가 노벨 문학상을 수상하게 만든 작품 〈설국〉은 이렇게 시작한다. 심미주의 성향을 갖는 작가가 13년간에 걸쳐 쓴 것으로 유명한 이 소설은 눈이 하얗게 내리는 고장의 환상적인 분위기와 등장인물들 처지가 자아내는 신비한 애수가 독특한 감동을 준다. 알 수 없이 미묘한 인간 심리가 자아내는 삶의 흔적들이 설국의 분위기와 어울려 인간 밑바닥에 잠재해 있는 근원적인 슬픔을 느끼게 하는 것이다.

내용은 이렇다. 부모가 남겨준 재산으로 무위도식하며 여행을 다니는 도쿄 출생의 무용연구가 시마무라는 설국(눈의 고장)의 기생 고마코에게 끌려 설국의 온천장을 다시 찾아가는 중 기차에서 우연히 요코를 보면서 미묘한 감성을 갖게 된다. 결국 시마무라는 열정을 다해 사랑하며 사는 두 여성에게 동시에 끌리게 되는데. 하지만 그는 두 여인과 각기 어찌할 수 없는 이별을 하게 되며, 그 내면의 이별 풍경, 생의 비의를 담고 있는 것이 〈설국〉이다.

에치고 유자와를 무대로 한 설국의 풍물을 배경으로 함축성 있는 관능묘사가 한껏 살아 있는 〈설국〉은 근대 일본의 신감각파를 대표하는 작품으로 줄거리뿐만 아니라 주제나 인물 성격 또한 뚜렷하지 않은 것이 특징인데, 이는 작가가 일관된 하나의 인물, 성격을 묘사하기보다는 순간적이고 인상적인 단면을 중심으로 서술해가기 때문이다.

특히 일반적인 전지적 작가 시점과는 달리 중심인물인 고마코나 요코를 비춰내는 거울 같은 존재로서의 시마무라의 '의식의 흐름'을 묘사함으로써 전반적으로 씨늘하고 청결한 분위기를 자아낸다.

그런데 '아름다움'을 기준으로 세상을 이해하고자 했던 가와바타 야스나리는 왜 갑작스런 자살로 삶을 마감한 것일까? 아마도 세상이 더 이상 아름답지 않았던 것인지.

어느 소설가는 〈설국〉을 '이별에 대처하는 두 연인의 마음에 가닿은 흔적들에 관한 생태보고서'라고 하더군.

한 해를 여는 아름다운 문학결전

피곤해 보이는 한 사업가가 집에 들어와 지친 듯 의자에 몸을 던진다. 그러자 그의 부인이 걱정스럽게 묻는다. "여보, 회사에서 안 좋은 일 있었어요?" "응, 정말 끔찍했어." "세상에 무슨 일이었기에?" 이에 남편이 길게 한숨 쉬며 하는 말 "컴퓨터가 고장 났거든. 그래서 우리 회사 직원 모두가 생각을 해야 했어."

이게 웃기는 이야기일까? 말도 안 되는 농담일까? 인간이 머릿속으로 뭔가 궁리를 하고 묘안을 짜내는 것, 사실상 인간만의 특권임에도 불구하고 이제 조금씩 모든 영역이 인공지능 컴퓨터에게 밀려나고 있는 실정이다. 차츰 머리 쓰는 인간은 특수 영역에 한정된 사람들로 축소돼가는데, 어쩌면 그 마지막 영역을 지키고 있는 사람들이 문학가들 아닐까?

신춘문예는 매년 1월 1일 일간신문사가 새로운 작가의 작품을 뽑는 연중행사로, 한국에만 유일하게 있는 문학 신인 등용문이다. 신춘문예의 시작은 1914년 조선총독부 기관지인 〈매일신문〉이지만 일반적으로 최초의 신춘문예라 하면 1925년 동아일보에서 시작한 신춘문예를 말한다. 이로부터 신춘문예의 인기는 날로 급상승해 당시 유명 잡지의 현상문예 공모의 인기를 넘어서게 되고 문학지망생들의 가슴을 설레게 한다.

현재 신춘문예는 일반적으로 12월 초에 공모 마감을 하고 다음해 1월 1일에 발표한다. 부문은 신문마다 조금씩 다르지만 일반적으로 시, 시조, 단편소설, 동시, 동화, 희곡, 평론 등이다. 신춘문예는 1980년대까지 가장 권위 있는 등단제도로 모든 문예지망생들의 가슴속 열망을 부추겼으나 1990년대 이후 등단제도가 다양해지면서 그 영향력이나 인기는 조금씩 줄어들고 있는 추세다. 그렇다고는 해도 신춘문예는 '문학에의 꿈'을 드러내는 하나의 상징으로서 세상에서 가장 날카롭고 예민한 촉수를 지닌 문학가들에게 결코 축소될 수 없는 위엄과 영광을 가지고 있다.

인간은 문학하는 동물이다. 디지털 정보화시대에 아날로그적 사고방식을 끝까지 간직해야 하는 문학의 길은 차마 버릴 수 없는 너무도 아름다운 길 아닐까?

빛나는 한 줄 어휘

삶을 가장 적극적으로 느끼는 사람이 시인일 거야. '감동'에 미친 사람들인 거지.

생년월일로 보는 운명의 통계학

닐 암스트롱이 달에 착륙하던 날, 일부 사람들은 이런 생각을 했다. "이제 점술이나 푸닥거리 같은 것은 종말을 고하겠군."

하지만 현재 인터넷을 비롯한 첨단 과학이 지구를 뒤덮은 시점에서도 여전히 사람들은 '점'에 대한 욕망을 버리지 못하고 용한 점집을 찾아다닌다. 대학가에서 변함없이 존재가치를 증명하는 사주카페는 물론 온라인상의 사이버 점집의 열기 또한 사그라들지 않고 있는데, 이제 점 봐주는 역술인은 당당한 하나의 직업으로까지 여겨지기도 한다. 아무리 문명이 발달하고 과학적 지식이 머리를 꽉 채운다 해도 인간이 생각하는 동물인 이상 미래를 불안해하고 혹시 있을지도 모를 운명을 궁금해하는 것은 어찌할 수 없는 본능과도 같은 것. 이러한 인간심리를 바탕으로 발달한 것이 점술학 즉 사주팔자 운명론이다.

사주란 네 기둥이라는 뜻으로 사람이 출생한 연·월·일·시를 말하며 이들 네 개 기둥의 간지(干支) 즉 천간과 지지가 각각 두 자씩이므로 사주팔자라고 하는 것이다. 사주는 음양오행의 조화 여부를 보아서 각 개인 운명의 길흉을 판단한다. 그렇다면 이는 일종의 통계학적 이론이라고도 할 수 있는데, 통계학적으로 어떠한 사주팔자를 타고난 사람은 어떠한 삶을 살 확률이 높다는 것일 뿐, 반드시 '너는 이런 운명'이란 뜻은 아니다.

예를 들어 동일한 사주팔자를 가진 사람들의 운명을 추적해온 예가 많이 있는데, 그들의 삶은 똑같은 사주팔자와 달리 전혀 똑같지 않았다. 따라서 사주학이란 어떤 한 개인의 삶을 100% 다루는 것이 아니라 기본적으로 타고난 통계적 특성을 알려줌으로써 거기에 맞게 삶을 개선해나가라는 하나의 인생조언에 불과한 것이다.

사주는 균형과 조화의 원리로 인간사를 풀어보는 것이지만 이를 맹신하게 되면 자칫 숙명론에 빠지게 되는 폐단이 있다. 사실상 점쟁이들은 과거를 맞추는 데는 능통할 수도 있지만 미래를 예측하는 데는 지극히 추상적인 언설로 일관할 뿐 정확하고 똑 부러지는 예언은 하지 않는다. 그도 그럴 것이 개인의 타고난 기질이 어떻게 발현될 것인지는 사실 당사자가 아니고서는 알 수 없는 일 아니겠는가.

점집 가는 일 부끄러워 마. 점술가를 일종의 정신과 상담의라고 생각하면 되잖아.

먼 길 가는 인생의 두 번째 위기

공자는 사람의 일생, 인간의 도리를 매우 간명하게 정리한 바 있다. 즉 나이 열다섯이면 학문에 뜻을 두고, 서른이면 뜻을 확고하게 세우며, 마흔에는 그 무엇에도 미혹되지 않고, 쉰에는 하늘의 명을 깨달아야 하며, 예순에는 남의 말을 듣기만 해도 곧 그 이치를 이해하게 되고, 일흔이 되어서는 무엇이든 하고 싶은 대로 해도 법도에 어긋나지 않아야 한다는 것.

이렇듯 공자 시절에 마흔은 불혹이라 해서 그 무엇에도 흔들림 없는 나이여야 했지만 인간의 평균수명이 점차 늘어나면서 이 불혹의 나이 대는 또 한 번 삶의 고뇌에 흔들리는 격동의 시기를 겪게 된다. 이른바 '중년의 위기'를 맞게 되는 것인데, 이것이 사추기다. 물론 이 말은 아직까지 사전상에 등록된 말은 아니지만 현대사회의 한 징후로서 자주 거론되는 표현이다.

사실상 사춘기와 사추기는 비슷한 점이 많다. 육체적 심리적인 고민이 이것저것 늑대같이 몰려오는 때인 것이다. 사춘기 때 육체적으로 몸의 호르몬분비가 왕성해지는 것과 달리 사추기 때 몸은 호르몬 교란으로 감정상의 혼란이 심해진다. 특히 여성의 경우 폐경기를 맞게 되면서 여성으로서의 정체성에 혼란을 느끼게 된다. 그리고 사회적으로도 자신만이 할 수 있었던 역할과 지위가 흔들리면서 사춘기 때 진로에 대한 방황을 겪는 것처럼 앞으로의 미래를 설계하기가 두려워진다.

사추기란 한마디로 중장년층이 새로이 정신적, 육체적으로 변화를 겪는 시기, '인생의 가을'을 이르는 말인데, 인생의 봄인 사춘기와 인생의 가을인 사추기에는 왜 '사(思)' 자가 들어 있는 것일까? 삶의 터닝 포인트인 것이다. 삶이 무엇이고 죽음이 무엇인지를 한 번쯤 깊게 되새기고 진정 의미 있는 삶을 설계하는 시점인 것.

괴테는 예순 이후의 삶을 '제3의 청춘'이라고 불렀는데, 실제 괴테 자신이 예순에서 여든까지 생애 동안 가장 왕성한 작품 활동을 벌였다. 어찌 보면 사추기를 잘 겪어낸 이후 노년기는 모든 사회적 책임에서 자유로워져 자기가 가장 잘하는 일에 매달릴 수 있는 시기다. 따라서 사추기란 노년을 슬기롭게 준비하는 시기인 것이다.

90대 노인이 70대 노인에게 말했대. '내 나이 칠십에 이렇게 20년을 더 살 줄 알았다면 뭐라도 시작했을 텐데.'

천 개의 글자가 이뤄낸 한 편의 시

"天(하늘 천) 地(땅 지) 玄(검을 현) 黃(누를 황) 宇(집 우) 宙(집 주) 洪(넓을 홍) 荒(거칠 황)"

'하늘은 검고 땅은 누르며, 우주는 넓고 거칠다'로 시작하는 천자문의 세계. 한자공부의 시작을 여는 천자문은 본디 4언 250구로 이루어진 한 편의 시다. 지은이는 위진남북조 시대 양나라 무제 때 인물인 주흥사(周興嗣). 그가 황제에게 바치고자 지은 이 시는 동진(東晉)의 왕희지 필적 중에서 해당되는 글자를 모아 만들었다고 한다.

이 천 개의 문자가 담은 내용은 천지자연 풍광으로부터 역사와 인물, 교육과 선비 수양에 관한 것에 이르기까지 중국인의 자연관, 역사관, 중국문화에 대한 아주 포괄적인 것인데, 이를 한 편의 시로서 간명하게 집약해낸 것이 천자문의 놀라운 업적이다.

책으로 편찬된 《천자문》은 송대 이후 많은 사람들이 애용하면서 이 천 개의 글자 순서를 이용해 문서 등의 번호를 붙이는 습관도 생겨나게 되고, 또 《속천자문》이 나오는가 하면 기타 아류작들도 생기게 된다. 천자문이 한국에 전해진 때는 확실치 않으나 백제 때 왕인이 이 책 1권을 일본에 전했다는 기록이 있는 것으로 보아 이보다 훨씬 전에 들어온 것으로 추측된다. 아무튼 한국에서도 천자문은 그 후 한문 입문서로서 초보자에게는 필수 교과서로 사랑받았는데, 선조 때의 명필 한석봉이 쓴 《석봉천자문》이 그중 유명하다.

한자 바람을 타고 아이들 사이에서 천자문 떼기가 유행인 요즘, 단지 한문공부라는 무거운 목표를 등에 업고 손에 든 천자문은 외우기 힘에 버거운, 싫증나는 공부 대상일 뿐. 그런데 천자문은 단지 외우기 위한 교본으로서의 가치만 있는 것이 아니다. 태생이 시(詩) 아닌가 말이다. 그렇기에 상상과 현실 세계를 집약적으로 설명하며, 한 글자 한 글자 자기 임무를 충실하고 자유분방하게 수행하는 시로서의 천자문, 천 개의 글자가 만들어내는 글자의 역동적 관계성을 즐길 수 있어야 한다.

사실상 언어는 문화인즉, 중국인의 사유구조, 사고방식을 들여다볼 수 있는 가장 기초적이면서도 재미있는 수단이 천자문의 세계다.

천자문의 세계는 한 편의 뮤지컬로 보기에도 손색없이 흥미로운 듯.

여성에게만 강요된 사랑의 구속

'열녀 났다'는 말, 요즘은 왠지 비아냥대는 말처럼 들린다. 왜 그럴까? 열녀란 남편을 위해 정성을 다하는 아내를 일컫는 말인데. 문제는 그 정성이 자발적 의지가 아닌 타의에 의한 비자발적 행위일 때 생기는 것.

열녀는 조선시대 때 절개가 곧은 여자를 이르던 말이다. 당시 여성 최고의 미덕은 한 남자만을 일편단심 섬기는 절개였던 것이었으니, 남편이 죽고 남겨진 여인의 운명은 그야말로 그 미덕을 지켜내느라 고군분투하는 눈물의 세월이었다. 그러니까 마음속으로는 다른 생각이 있어도 절대 표현하지 않고 평생을 수절해야 했던 것. 물론 현실적으로 많은 여성들이 모두 그럴 수는 없었기에 이를 지킨 여성들을 칭송하면서 열녀라 부추겼던 것이다. 이렇게 열녀로 등극한 여성은 가문의 영광이자 그 마을의 영광으로 빛이 났기에 그 시대 많은 사람들은 집단적으로 열녀 만들기에 극성이었다.

'열녀'에 대한 관념이 본격화된 것은 세종 14년에 편찬된 〈삼강행

실도〉 열녀편이 보급되면서부터라고 한다. 국가가 편찬한 이 책의 내용은 우리나라와 중국 서적에서 모범이 될 만한 열녀 이야기를 모은 것. 국가 공인서이다 보니 이제 정절을 지키는 것은 공공연한 여성의 의무로 여겨지게 된다. 즉 결혼과 재혼이라는 지극히 개인적인 일에 국가가 적극 개입하게 된 것이다. 남편이 죽으면 재혼할 수 없도록 하는 것이 법제화되었고 성종 때는 《경국대전》에 개가한 여성의 자손은 벼슬길을 막는다는 조항을 넣었고 중종 때는 개가 자체를 범죄시했다. 거꾸로 열녀가 난 마을에는 국가가 비석까지 세워 찬양해줬음은 물론이다.

아내가 죽으면 남편은 1년 정도 상복을 입고 곧 재혼할 수 있었으나 아내는 남편이 죽으면 3년 동안 무덤을 지키고 평생 동안 상복을 입었다.

이 말도 안 되는 일이 어떻게 가능했을까? 조선시대는 열녀라는 이름으로 여성의 자유를 옥죈 봉건시대였던 것. 그 시절은 삼강오륜 덕목을 중시한 유교사회였을 뿐, 지금의 잣대로 그 사회를 평가해서는 안 된다. 그렇다면 열녀란 이젠 완전 버려야 할 옛 관념이 되어버린 것일까? 국가의 강요가 아닌, 사회적 시선에 따른 희생이 아닌, 순정한 나 자신의 선택이라면 이야기는 달라지는 것 아닐까?

사랑이라는 열정 하나로 버티는 열녀 열부들의 세상은 상상만으로도 흐뭇해.

인문학과 자연과학의 넘나듦, 그 의미 있는 소통

현대를 통섭의 시대라고들 한다. 통섭, 무슨 말일까? 이는 에드워드 윌슨의 책 《통섭, 지식의 대통합》을 최재천 교수가 번역하면서 영어 'Consilience'를 우리말로 멋지게 표현해 유명해진 단어다. 그런데 사실상 통섭은 이미 성리학과 불교에서 '큰 줄기를 잡다'라는 뜻으로 사용되어온 용어다. 그러던 것이 지금에 와서는 '지식의 통합', 자연과학과 인문학을 연결하는 통합 학문 이론을 뜻하게 되었다.

'통섭'이란 개념은 우주질서를 논리적 성찰을 통해 이해하고자 하는 고대 그리스 사상에 뿌리를 두고 있다. 그리스시대에는 자연과학과 인문학이 한몸이었던 것. 그렇다고 통섭이 단순히 물리적 결합을 통한 통합, 즉 인문학과 자연과학이 뒤섞이는 것을 뜻하지는 않는다. 통섭은 화학적 결합과 같은 융합보다 조금은 복잡한 개념으로 누군가는 이것을 발효 과정을 거쳐 숙성된 융합이라고 말하기도 한다.

예를 들어보자. 우리 살림살이를 과학적으로 설명하는 경제학을 이해하려면 우선 인간 마음을 이해해야 한다. 실제 경제란 사람심리를 파고들어야 하는 것. 따라서 경제학을 제대로 하려면 심리학 공부를 해야 한다. 또한 심리학은 생물학적 지식이 있어야 온전한 이해가 가능하다. 사람의 유전적 특징에 대한 지식이 타인의 마음을 읽고 그로부터 세상을 이해하는 데 큰 도움이 되는 것이다.

이렇듯 과학과 인문학은 나누어진 별개의 영역이 아니라 서로 꼬리를 무는 상생의 학문이다. 우리는 보통 과학은 객관적이고 예술은 주관적이라고 생각하지만 윌슨에 따르면 예술도 충분히 객관적일 수 있다. 우리가 사물을 보고 느끼는 '아름다움'의 원리도 두뇌생리학을 통해 밝혀낼 수 있다는 것이다. 이렇게 과학은 인문학의 영역을 파고들고 있으며 인문학 또한 과학의 영역에서 '과학적'이라는 것의 허상을 밝혀내고 있다. 객관적이고 과학적인 것이란 애초에 없을지도 모른다는 의심의 눈길을 집요하게 보내는 것이다.

세상은 과학이 바라는 것처럼 단순명쾌한 곳이 아닐 것이며, 인문학이 바라는 것처럼 하나의 가치로 뒤덮을 수 있는 허약한 곳이 아님을 '통섭의 시대'가 웅변하고 있는 것 아닐까?

통섭의 사회로 나아가야 한다는 것, 굳이 주장하지 않아도 너무 당연한 일 아닌가?

이기심으로 똘똘 뭉친 집단 횡포

특정 사회의 개별 이익집단들이 공익보다는 그들 집단의 사적 이익을 극대화하기 위해 행동하는 것을 말하는 집단이기주의. 이기심으로 똘똘 뭉치다 보니 그 표현 양식도 과격하기 일쑤다. 대표적인 집단이기주의를 표현하는 말이 님비현상.

님비는 'Not In My Back Yard'의 머리글자로 '내 뒷마당에는 안 된다'는 뜻. 자기중심적 공공정신 결핍현상을 말한다. 장애인 아파트나 재활원, 산업폐기물 수용·처리시설 등의 필요성에는 찬성하지만 자기 주거지역에 이러한 시설물이 들어서는 데는 강력히 반대하는 현대인의 이중적 이기심을 말하는 것. 그러다 보니 쓰레기 매립지나 핵폐기물 처리 장소를 구하는 일이 국가적 난제가 되기도 하는데, 이는 일명 바나나현상으로 비약되기도 한다.

바나나현상은 'Build Absolutely Nothing Anywhere Near Anybody'의 머리글자를 딴 신조어로 '어디에든 아무것도 짓지 마라'는 이기주의적 의미로 통용되는 것. 유해시설 설치 자체를 반대하는 것이다. 그 대신 핵발전소나 위험폐기물처리장 등을 후진국에 수출하는 것에는 결사항전하지 않기에 님비현상이 업그레이드된 일종의 국가 단위 집단이기주의로 비치기도 한다.

이와 반대되는 것이 핌피현상. 핌피는 'Please In My Front Yard'의 머리글자로 '제발 내 앞마당으로'와 같은 뜻. 자기 구역 내에 오락시설을 비롯해 여러 측면에서 유익한 시설이 설치되기를 바라는 현상이다.

집단이기주의가 문제인 것은 흔히 실정법을 무시하면서까지 집단의 힘으로 자기 이익을 관철하려는 독한 의지를 보이기 때문이다. 또한 비록 특정 집단의 집단행동이 법적으로 정당하다 하더라도 공익 또는 이익분쟁과 관련 없는 다수 시민의 이익을 심대하게 침해하는 경우도 종종 있기에 집단이기주의는 사회적 분란을 가져오는 것이다.

그렇다면 이러한 집단이기주의는 어떻게 해야 막을 수 있는 것일까? 인간의 도덕심에 호소하는 수밖에 없지 않을까? 모두를 위한 선(善)을 추구하는 '공공선(公共善)'이나 공공복지를 뜻하는 '공동선'은 인간이 타고난 도덕적 심성에 기대야만 꽃필 수 있는 개념 아닐는지.

세상의 중심은 '나'가 아니라 '우리'라는 것을 알아야 비로소 행복해지는 거야.

살아 있는 역사의 외침을 들어라

<숙고는 다수의 몫, 행동은 의로운
개인의 몫>이라던가.
역사 속 나의 좌표를 찾아,
숙고했으면 행동하라.

승자를 겨루던 극심한 혼란기

극도의 혼란기를 비유하는 표현이기도 한 춘추전국시대. 실제 시기는 BC 8세기에서 BC 3세기에 이르는 중국 고대의 변혁기로 춘추시대와 전국시대를 통틀어 일컫는 말이다. 그럼 어찌하여 이 시기는 그토록 혼란했단 말인가? 중국 역사 속으로 가보자.

기원전 1046년 은나라가 주나라에게 멸망하자 당시 은나라의 지식인들은 고민에 빠진다. 주나라에게 잘 보여 벼슬 한 자리라도 얻을 것인지 아니면 치사하고 더러우니 벼슬에 관심 끊고 자연으로 돌아갈 것인지. 대를 이어 끊임없이 고민하던 이때가 서주시대다.

그런데 기세등등하던 주나라도 이민족에게 괴롭힘을 당하더니 이민족 등쌀에 못 이겨 급기야 기원전 770년경 동쪽 낙양으로 수도를 옮기기까지 한다. 이후 주나라는 비실거리며 힘을 잃어가기 시작하는데 한마디로 권위가 땅에 떨어진 것. 이후 중원 땅에서 주나라는 명목상의 강자일 뿐 달리 강력한 세력이 없었던지라 여러 제후

국들이 세력을 다투게 되는데 이 시기가 춘추시대
다. 춘추(春秋)라는 말은 공자의 책 《춘추》에
서 유래한 것으로 진(晉)나라가 한(韓),
위(魏), 조(趙) 세 나라로 나뉘게 된 기
원전 403년까지를 말한다. 이때까지
만 해도 종주국 주나라의 권위는 미약하나마 살아 있긴 했다.

그리고 기원전 221년 진시황이 등장해 중국을 최초로 통일할 때
까지 춘추시대를 이어 혼란했던 시기를 전국시대라 한다. 전국(戰國)
이라는 말은 전한시대 유향이 쓴 전국책에서 유래한 것으로 하루도
전쟁이 없는 날이 없을 정도로 전쟁뿐이었던 시기를 비유한 것. 이
시기 주나라의 권위는 이제 완전 무시되었으며 강한 제후들은 스스
로 자신을 왕이라 칭하게 된다. 이 춘추와 전국이 함께 동주시대이
자 춘추전국시대를 이루며 중원의 대표 혼란기로서 역사에 등극하
게 된다.

이렇듯 강렬하게 시대를 장식한 이름 '춘추전국'은 오늘날 강자
도 약자도 없이 혼전을 거듭해가며 승패나 순위조차 가릴 수 없는
상황을 일컫는 말로 쓰이며 살아 있는 역사가 되었다.

빛나는 한 줄 어휘

춘추전국시대를 맞은 스마트폰 시장, 누가 이 혼란기의 승자가 될 것인가?

사상의 각축전을 벌인 중국 지성

제자백가란 곧 중국 춘추전국시대에 자유롭게 자신의 사상과 학문을 펼쳤던 수많은 학파와 학자들을 일컫는 말이다. 그런데 이 시대 사상계는 왜 이렇게 분망했던 것일까?

역시 사회적인 기운이 이전과 달라졌기 때문인데, 주나라의 예(禮)적 질서가 무너지자 지배계급 말단에 있던 선비 계층이 실력으로 기회를 얻을 수 있는 시대가 된 것이다. 또한 부국강병을 목적으로 한 제후가 정책과 인재를 구하고 있었던 점 등 사회적 수요가 생겼기에 모든 야심가들이 자기 이론으로 무장하고 나선 것이다. 역설적이게도 춘추전국이라는 사회적 혼란기에 도리어 실력만을 내세운 활력 넘치고 유능한 인재들이 대거 양성된 셈이다.

그중 가장 먼저 일어난 세력이 공자의 유가. 유가사상의 근본은 인(仁). 내면적 도덕성인 인과 외면적 도덕성인 예(禮)를 중시한 이 학파의 관심은 그 폭이 대단히 넓고 깊어 한마디로 이거다라고 말하기는 어려운데, 아무튼 중국적 질서를 기초한 것이 유가다. 유가의 한

축인 맹자는 수십 대의 수레를 이어놓고 제후에게 유세하는 등 당시 유가의 세력은 상당했다.

그리고 노자와 장자로 대표되는 도가가 있다. 이들은 유가를 비판하며 무위자연을 설파한 초자연적 학문파다. 또한 한비자로 대표되는 법가는 말 그대로 '법'을 중시하는 학파로서 진시황은 이 법가 사상을 채택해 천하를 통일한다. 그리고 '사람은 모두 평등하다'는 원칙을 고수한 묵자의 묵가가 있는데, 유가의 사랑이 차별 있는 사랑이라면 묵가의 사랑이야말로 차별 없는 사랑이다. 또한 아주 독특한 학파가 있었으니, 바로 농가. 이들은 농사로 천하를 평화롭게 할 수 있다고 주장하며 실제 농기구를 메고 유랑하는 근성을 보여주는데, 다른 사상가들이 말로만 떠든 것에 비하면 나름 행동하는 지식인이었던 셈.

그런데 사상의 황금시대를 구축한 이들 사상은 모두 지극히 현실적인 이론이라는 것이 특징이다. 내세나 사후에 대한 관심은 없고 오직 지금 현실에서 잘 먹고 잘사는 법에 대해 고민했을 뿐. 그럴 수밖에 없는 것이 이들 사상은 모두가 정치적으로 탄생했기 때문이다.

중국철학사의 황금기였던 제자백가 시대, 역사상 그때만큼 활발한 사상의 각축전은 없었지.

꽃처럼 만발한 세상의 모든 주장

'백가쟁명'이라 했을 때는 두 갈래의 뜻이 있다. 우선은 "많은 학자나 문화인 등이 자기의 학설이나 주장을 자유롭게 발표해 논쟁하고 토론하는 일"이라는 순수의 뜻이며, 다른 하나는 1956년에 중국 공산당이 정치 투쟁을 위해 내세운 슬로건이다.

먼저 앞의 뜻의 기원을 보자. 때는 중국 춘추전국시대. 전쟁과 찬탈의 시대로 유명한 이 시기는 또한 사상과 학문의 황금기이기도 했으니 당시 모든 제후들은 하나같이 부국강병을 실현시킬 수 있는 유능한 인재를 모으기에 바빴다. 그리하여 인재를 자처하는 선비들은 자신의 주장을 책으로 써서 학설을 세우고 이 학설을 각 임금에게 유세하며 또한 제자에게 가르쳐 문화학술 진흥에 결정적인 공헌을 하였으니, 그야말로 이 시기는 뜨거운 이론의 각축장이었던 것. 이때 이 뜨거운 이론을 펼친 여러 학파의 이론가들을 일컬어 제자백가(諸子百家)라고 했으며, 이러한 제자백가들의 자유로운 논쟁과 토론을 바로 백가쟁명이라고 한다.

백가쟁명의 가장 대표적인 학파로는 유가, 도가, 묵가, 법가, 음양가, 명변가 등을 들 수 있는데, 이 중 유가는 당시 현실정치에 끼친 영향은 미약했으나 지금까지 중국의 정신적 지주 역할을 하는 창대하고 쟁쟁한 소리가 되었다.

그리고 '온갖 꽃이 같이 피고 많은 사람들이 각기 주장을 편다'는 뜻의 '백화제방 백가쟁명(百花齊放百家爭鳴)'은 누구든 자기의 의견을 피력할 수 있다는 뜻으로 쓰인 중국의 정치구호다. 1956년 당시 중국 공산당 선전부장인 루딩이가 한 연설에서 쓴 말. 이때 그는 마르크스주의는 다른 사상과의 경쟁 속에서 지도적 위치를 차지해야 하며, 처음부터 유일하고 절대적인 사상으로 강요되어서는 안 된다고 말하는 등 획기적인 사회주의 문화정책을 표방했다. 물론 이 발언은 문화대혁명 때 부정당했다가 이후 다시 중국 헌법에까지 등장하는데, 중국에서는 그때그때 정치적 상황에 따라 주창되기도 하고 폐기되기도 하는 비운의 구호인 셈이다.

한마음으로 뜻을 모아야 할 지금 그런 백가쟁명식 주장은 아무 소용없다니까.

사회주의 중국을 낳은 '뿌리의 행진'

'대장정'의 사전적 의미는 '멀고 먼 길' 또는 '오랜 기간에 걸쳐 진행하는 투쟁 노정'이다. 흔히 국토대장정, 동북아대장정 등의 표현이 있지 않은가. 그런데 이것이 하나의 역사적 사건을 지칭하기도 하니, 그것은 바로 중국 공산당의 역사적 대행군을 말하는 것이다. 즉 1934~1936년 중국의 홍군(紅軍)이 장시성 루이진에서 산시성의 북부까지 국민당군과 전투하면서 1만 2000킬로미터를 걸어서 이동한 행군을 일컫는 것.

이 행군의 역사적 의의는 무엇인가? 당시 중국 공산당은 장제스의 국민당 공격과 함께 자체 전략 미숙으로 위기에 몰리고 있었는데, 이때 마오쩌둥이 공산당 정책에 반대하면서 자신만의 전략을 주장해 당내에서 설득력을 얻었다. 마오쩌둥은 국민당군에 패한 공산당 패잔병을 이끌고 정강산으로 들어가 조직을 재정비하고 홍군을 편성해 점차 이 일대를 중심으로 소비에트를 형성하는데, 하지만 국민당 군대의 공격으로 거의 섬멸되기 직전까지 내몰리고 공산당은 중국 장시성에서 철수하기로 결정한다. 그리고 이른바 ‘대장정’이 시작되었던 것.

대장정은 그야말로 가혹했다. 공산당군은 사막을 가로질러 18개의 산맥을 넘고 24개의 강을 건너 끊임없이 국민당의 공격을 받았으며 질병과 굶주림과도 싸워야만 했다. 또한 지나가는 길목마다 농민들과 식량 쟁탈전을 벌여 그들을 적대하는 농민들과도 맞서야만 했다. 마오 자신도 행군 도중에 아내와 두 아이를 죽게 내버려둘 수밖에 없었다. 전군 30만의 병력은 장정을 마치고 새로운 근거지에 도착했을 때 불과 3만에 지나지 않았다고.

군사적으로는 대실패의 패주였지만 대장정은 중국 전역에 홍군의 이념을 널리 알리고 홍군의 전략 전술 발전에 크게 기여한 사건이었기에 중국 공산당 발전의 중대한 계기가 되었다. 사실상의 승전인 셈이다. “대장정은… 홍군이 영웅의 군대라는 것을… 선포했다”는 말을 남긴 마오쩌둥은 이후 핵심 지도자로 부상했다. 결국 대장정이 아니었다면 공산당은 끝내 살아남아 1949년 중화인민공화국을 세우지 못했을 것이다.

이번 동북아대장정의 힘찬 구호는 ‘세계의 지붕 티베트에서 비상하라’ 네요. 완전 기대 만발.

실패로 끝난
'새로운 질서를 향한 꿈'

단재 신채호 선생은 그의 책 서문에서 '조선 1000년 1대 사건'으로 묘청의 서경천도운동의 실패를 들었다. 어떤 안타까움일까? 이것이 실패함으로써 우리나라는 대륙으로 뻗어나가는 웅혼한 기상을 잃어버렸고 국토 또한 끝내 한반도에 머물고 말았다는 것이다.

서경천도운동을 가리키는 다른 이름은 '묘청의 난'이다. 그러니까 서경천도운동이라 함은 고려 서경(지금의 평양)의 승려 출신 묘청이 고려 수도를 개경에서 서경으로 옮기려고(천도) 전개한 정치적 움직임과 후에 천도운동이 좌절되자 무력으로 중앙정부에 저항한 이른바 묘청의 난을 포괄해서 말하는 것.

묘청이 등장한 고려 인종 대는 고려사회가 안팎으로 어려움을 겪던 시기였으니, 내부적으로는 귀족세력을 대표하던 이자겸과 척준경의 변란으로 왕권은 뿌리째 흔들리고 사회 기강마저 무너져갔으며, 북방에서는 새로운 신흥세력으로 여진족이 세운 금(金)이 발흥하

고 있었다. 이러한 혼란의 시기에 묘청이 들고 나온 것이 바로 서경
천도론과 금국정벌론. 개경에서 서경으로 수도를 이전하고 금나라
를 정벌하자는 것이다. 수도 이전의 근거는 풍수와 도참사상. 지덕
이 쇠퇴한 곳에서 왕성한 곳으로 도읍을 옮겨야만 왕실과 국가가 융
성해진다는 이른바 '지덕쇠왕설'이다.

이것은 새로운 국가 질서를 확립하고 싶어한 왕과 신진세력에게
는 상당히 매력적이고도 혁명적인 사상이었기에 인종은 귀가 솔깃
했으나 결국 묘청의 손을 들어주지 못했다. 김부식 등 묘청 반대파
들의 압력이 컸기 때문. 이로써 김부식으로 대표되는 개경세력을 제
치고 정치적 주도권을 잡으려던 묘청의 서경세력은 온갖 술수에도
불구하고 결국 패망의 길로 접어든다. 이후 개경의 문신귀족들은 정
권을 독식하고 문신귀족들의 독주는 무신을 홀대하는 풍조로 이어
져 무신정변이 발발하는 원인이 되었는데.

신채호 선생은 서경파 묘청을 진취사상의 대표주자로, 개경파 김
부식을 보수사상의 대표주자로 보고, 둘의 전투에서 김부식이 승리
함으로써 조선역사가 사대 보수적 사상, 즉 유교사상에 정복되었다
고 안타까워하는 것이다. 그렇다면 묘청이 승리했다면 역사의 방향
은 어떻게 달라졌을까?

묘청은 진짜 흥미로운 인물인 듯. 이번 과제에서 그의 진심을 연구해보고 싶어.

역동의 정치무대를 장식한 대립과 갈등

붕당이란 요즘의 '정당'과도 유사한 말. 정당이 정치적 이해관계를 같이하는 사람들의 모임인즉, 붕당이란 조선시대 정당인 셈이다. 오늘날의 정당처럼 조선시대 붕당도 두 개 이상의 세력이 서로 견제하면서 더욱 발전하는 정치를 도모한다는 데 그 기본의의가 있는 것. 취지로 보면 붕당정치는 좋은 것이다. 맥락을 보면 이렇다.

조선 중기 선조 시대 이후 훈구를 몰아내고 정권을 잡은 사림들 중 온건파는 서인으로, 강경파는 동인으로 분리되었다. 최초의 집권파는 동인. 동인은 다시 남인과 북인으로 나뉘었으며, 임진왜란 이후에는 북인이 정권을 장악했다가 인조반정 이후 서인이 정권을 장악하자, 남인이 이를 견제하는 양상으로 전개되었다.

이때까지만 하더라도 각 당은 학자의 자세로 서로를 존중하고 인정해주었다. 그러나 이러한 붕당정치는 숙종 이후 변질되기 시작하면서 사상이나 국가발전을 위한 대립이 아닌 자신들의 부 축적을 위한 대립으로 바뀌면서 집권세력이 다른 세력을 인정하지 않는 폐해가 이어지게 된다. 서인은 노론과 소론으로 분열되었고 노론 권력은 점차 국왕 영조도 능가할 정도가 되었으니, 영조 아들 사도세자는 소론과 친하게 지내다 노론에게 제거당한다. 이후 노론은 사도세자를 동정하는 시파와 이를 무시한 벽파로 나뉘며, 벽파가 정권을 잡는다.

이렇듯 붕당정치의 혼란을 지켜본 영조와 정조는 붕당 간 질서와 왕권 회복을 위해 탕평책을 써 어느 정도 효과를 보지만 결국 노론 일부 가문에 의한 세도정치가 출현하고야 만다. 그리고 권력에서 축출당한 남인, 소론 등은 지방에 머물며 사회개혁에 관심을 가지기 시작, 이러한 배경 속에서 실학이 탄생한다.

사실상 붕당정치는 단순히 정치적 대립만은 아니다. 사림들은 학자로서 자신들이 배운 성리학을 현실세계에 실현하고자 다양한 의견을 내놓고 대립했던 것. 그런데 일본인 학자들이 붕당의 파쟁성만을 부각시키기 위해 '붕당 간의 싸움'이란 뜻의 당쟁이란 용어를 사용, 조선 왕조가 당쟁 때문에 망했다는 학설을 퍼뜨렸으니, 이는 바로잡아야 할 우리 역사다.

빛나는 한 줄 어휘

율곡 이이는 붕당정치를 옹호했던데, 그는 '붕당'을 유능한 인재를 양성하는 기회로 본 거지.

어느 쪽으로도 치우침 없는 중도의 통치철학

탕평책은 통치철학이다. '탕평'이란 '어느 편에도 치우치지 않는다'는 뜻. 조선 후기 영조가 붕당정치의 폐단을 딛고 기강을 바로 세우고자 시행한 게 대표적 사례. 당쟁의 중심축인 노론과 소론 양대 세력 어느 쪽에도 치우치지 않는 인재 기용으로 난국을 타개하려는 시도였다.

영조는 왕위에 오르자마자 생존형 정치를 할 수밖에 없었다. 치열한 당파싸움을 지켜보며 자란 영조는 어느 정당의 논리도 따르지 않는 중도의 길을 모색했으니, 그 길은 바로 탕평책을 펼쳐 태평시대를 일구는 것. 물론 이러한 왕의 포부가 신하들에게 제대로 전달되지는 못했다. 여전히 당론만을 들이대는 노론과 소론을 달래고 어르며 영조는 탕평군주로서 나름의 길을 어렵게 걸어갔다.

탕평책은 각 당파에서 인재를 고르게 등용해 붕당 간 대립을 점차 해소하고 균형을 유지하고자 만든 정책이다. 초기에는 탕평론자들을 중심으로 소론과 노론만을 등용하다 정국이 안정되자 노론, 소론, 남인, 소북 등 사색당파를 고르게 등용했다. 영조의 탕평책은 당파 간 견제구도를 통해 왕권을 강화하는 효과를 가져다주었다. 탕평채라는 음식은 이 당시 만들어진 것. 청포묵 흰색은 서인을, 쇠고기의 붉은색은 남인, 미나리의 푸른색은 동인, 김의 검은색은 북인을 각각 상징했다.

탕평정치로 정치가 안정되자 영조는 민생안정에 주력할 수 있었으니, 균역법을 실시해 백성들 세금 부담을 크게 줄였고 인쇄술을 개량해 많은 서적들을 간행 보급시켰으며, 또한 이때 성호 이익을 선봉으로 실학이 자라기 시작했다. 조선에 제2의 번영기가 열린 것이다. 왕권을 이어받은 정조 또한 선왕의 숙원을 계승하고자 탕평정치를 펼쳤으니, 그는 자신의 침실을 '탕탕평평실'이라 이름 지을 정도로 '중도'에 심혈을 기울였다.

이렇듯 '탕평책'의 효능은 역사적으로 인정된 것. 그렇다면 코드 인사라는 말이 횡행하는 현재 우리나라 정치계도 이러한 탕평책을 본받아야 하지 않을까? 영조가 인사 탕평책을 통해 진정한 실력자를 등용하고 세력 간 견제와 균형으로 정치안정을 이루며 정국을 주도했던 교훈을 잊지 않아야 한다는 것이다.

빛나는 한 줄 어휘

새 정부가 들어설 때마다 국민들은 무엇보다 균형 잡힌 인사 탕평책을 예의주시하기 마련.

책을 태우고 유가를 생매장한 공포정치

중국사에 가장 큰 영향을 미친 인물은? 이 질문에 대한 답으로 1, 2위를 다투는 인물이 진시황이다. 이유인즉 진시황은 중국 그 자체를 만든 위인인 것이다. 그가 중국을 하나의 거대한 제국으로 통일하지 않았다면 아마도 이후 중국사는 물론이고 세계사까지도 크게 달라졌을 것이다. 그런데 이 진시황이 저지른 최대 악행이 바로 '분서갱유'다. '분서' 즉 모든 사상서적을 불태우고, '갱유' 즉 유학자를 생매장한 것.

이런 일은 어떻게 일어난 것일까? 진시황은 제국통일 후 법가사상을 통치기반으로 삼아 '법대로'를 외치며 사회를 통제하고자 했으니, 이런 법치노선을 비판하는 학문과 사상, 그중에서도 걸핏하면 선왕의 도를 내세우며 현실정치를 비판하는 유가가 못마땅했다. 이에 사상통제 정책의 일환으로 농서 등을 제외한 각종 서적들을 불태우고 수백 명의 유생을 생매장하기에 이르는데, 이것은 다분히 백성들의 공포를 불러일으키기 위한 정치 행위로서 언론과 문화 탄압의 상징이기도 하다. 당시 불태운 서적들은 지금과 같은 종이책은 아니고 대나무로 만든 기록수단인 죽간을 말하는 것.

물론 분서갱유는 역사적으로 과장된 측면이 있을 수도 있다. 실제 통치를 위해서는 여러 사상을 연구해야 할 필요가 있기 때문에 유가 책을 그야말로 모조리 불태우지는 않고 살짝 숨겨두기도 했으며 유학자를 생매장했다는 것도 어쩌면 사실이 아닐 수도 있다. 갱(坑)이라는 한자는 '파묻어 죽인다'의 뜻 외에 단지 '처형한다' 또는 '직업을 그만두게 한다'로 해석할 수도 있는 것이다.

아무튼 이렇게 대대적인 언론, 사상 탄압을 시행한 진시황은 한자 글꼴과 마차바퀴를 통일하는 혁신적 업적을 이뤄내기도 했지만 그의 통일왕국은 15년 만에 막을 내린다. 왜일까? 어떻게 이룬 통일인데 그리도 허무하게 끝났단 말인가? 백성을 믿지 않고 법만을 추종했던 진시황, 그의 공포정치는 결국 단기적 승부에만 강했을 뿐 장기적 비전을 제시할 수는 없었던 것이다.

😊 ◀ 빛나는 한 줄 어휘

현대판 분서갱유란 바로 언론통제 아닐까? 다른 생각을 인정하지 않는 것.

'위대한 실험'일지나 실패로 끝난 역사의 광란

"사랑도 명예도 이름도 남김없이 한평생 나가자던 뜨거운 맹세……." 이것은 대한민국 시위현장에서 자주 울려퍼지는 '뜨거운' 노래, 결기의 함성이다. 우리의 지난 역사에는 이렇듯 '나'와 '우리'의 모든 것을 다 바친 '혁명'으로 이룬 '진보의 성과'가 있었던 반면, '나'와 '우리'의 어리석음을 다 바친 '혁명'으로 남은 '시대의 패악'이 있다. 중국의 문화대혁명은 물론 후자다.

문화대혁명은 1966년부터 1976년까지 10년간 중국의 최고지도자 마오쩌둥이 주도한 극좌 사회주의운동을 말하는 것.

당시 마오쩌둥 주도로 중국정부가 추진한 경제 고도성장정책인 대약진운동이 참담한 실패로 돌아가자 자존심 상한 마오는 실패 원인을 공산당 내의 미흡한 혁명 정신 탓으로 돌렸다. 당내에 부르주아 요소들이 지나치게 많으며 당이 책임지는 모습을 보이기보다는 특권만을 추구하고 있다는 것이 그의 비판이었으니, 이에 마오는 사회주의에서 계급투쟁을 강조하는 대중운동을 기획, 그 힘을 빌려 중국공산당 내부의 자신의 반대파들, 즉 류샤오치, 덩샤오핑 등을 제거하기 위한 권력투쟁을 야기한 것이었다.

이때 마오는 어린 청소년들을 순수한 혁명가들이라고 보고 그들을 선동하기로 결심한다. 이들이 바로 '홍위병'이다. 마오는 자신이 조직한 홍위병으로 하여금 모든 예술 분야 종사자들, 그리고 부르주아 이념을 지닌 당 간부들을 비판하도록 부추겼다. 비판은 곧 굴욕 행위와 투옥, 고문, 살인으로 이어졌고, 중국은 빠른 속도로 대혼란에 빠져들었다.

수백만의 청소년 홍위병들은 자신들이 중국의 구시대적 문화유산을 제거하고 새로운 시대를 여는 혁명가인 듯 스스로 도취되어 거칠 것 없는 무자비를 저질렀는데, 이들이 점령한 중국은 그 순간 아무 말도 할 수 없는 경직된 사회로 전락하고야 말았던 것. 이에 공산당은 물론 중국이라는 국가 자체가 붕괴 일보 직전까지 가게 된다. 국가적 광풍을 일으킨 문화대혁명은 1976년 마오가 사망한 뒤에야 비로소 막을 내리고 이후 중국 공산당은 이를 '극좌적 오류'였다고 공식 평가했다.

😊 **빛나는 한 줄 어휘**

현 중국 총리 또한 중국의 정치개혁이 성공하지 못하면 문화대혁명 같은 비극이 다시 발생할 수 있다고 우려하더군.

미래사회를 향한 굳건한 다짐

역사적으로 과거의 부정적 유산을 청산해야만 우리 사회의 건강한 미래가 보장된다는 의미에서 주장되는 과거사 청산. 일제강점기를 겪은 우리에게 '친일파 청산'을 포함한 이 문제는 극히 예민한 과제로서 우리 사회를 분열과 갈등의 소용돌이로 몰고 가는 측면이 있다. 과거사 청산은 왜 꼭 이루어져야 하는 것일까?

해방 후 미군정하에서 미국은 일본의 전쟁 범죄자들과 협상을 통해 그들에게 면죄부를 주었고 우리나라 친일파들에게도 이를 똑같이 적용했다. 당시 이승만의 권력욕은 미국의 요구를 그대로 수용했고 자신의 집권을 위해 친일매국노들과 타협, 그들로부터 막대한 정치자금을 지원받은 대가로 그들의 친일행적을 무마해주었던 것. 그 뒤 쿠데타를 통해 집권한 박정희 정부도 이러한 이승만 정책을 그대로 답습했으니 해방 이후 50여 년을 친일파들은 권력의 비호 아래 자신의 행적을 은폐하고 오히려 자신들을 독립투사로 위장하기도 했다.

과거사 청산은 어떤 처벌을 뜻하는 것이 아닌 진실규명의 문제다. '역사바로세우기'인 것. 현재 우리 사회를 끊임없이 장악하는 수구와 개혁세력의 갈등과 반목을 없애고 화해와 평화의 미래를 꿈꿀 수 있기 위해서는 무엇보다 지난 시절 수많은 사람들을 고통받게 한 뒤틀린 역사를 바로잡아야만 한다. 잘잘못은 정확히 따져 묻고 가린 후에야 진정한 시작이 있을 수 있는 것이다. 프랑스나 폴란드, 이스라엘 등 2차 세계대전 피해국들은 반인륜범죄에 대해서 공소시효를 두지 않고 아직도 전범자를 찾아내 처단하고 있다는데 그에 비하면 우리의 과거청산은 너무도 소극적인 것이 아닌지.

현재 한일 과거사 청산을 주요 목표로 삼고 있는 민족문제연구소가 일제의 식민통치와 침략전쟁에 협력한 자들의 행적을 기록한 《친일인명사전》을 발간해 극한의 상황에서 지켜야 할 원칙을 포기한 인물들의 행적은 드러난 실정인데.

과거사 청산 작업이 아무리 어렵고 불편한 일이더라도, 정파적 이익을 초월해 우리 사회 공동체 구성원이 모두 냉정한 마음으로 불행했던 과거를 부디 있는 그대로 되새기고 평가하는 작업은 반드시 필요한 것이다.

진정 미래를 여는 과거사 청산을 하기 위해서는 국가적인 의지가 무엇보다 중요할 터.

새로운 중화를 위한 염치없는 역사왜곡

중국식 표현이라 당최 무슨 뜻인지 알쏭달쏭한 '동북공정'. 우리말로 풀이하면 '동북 변경지역의 역사와 현상에 관한 체계적인 연구과제'라는 뜻이다. 이건 또 무슨 말? 중국 국경 안에서 전개된 모든 역사를 중국 역사로 만들기 위해 2002년부터 중국이 추진하고 있는 프로젝트인 것. 무슨 이유로 중국은 이러한 거대 프로젝트를 정부가 나서 추진하는 것일까?

중국이 동북공정을 통해 얻고자 하는 궁극적 목적은 전략지역인 동북지역 특히 고구려 발해 등 한반도와 관련된 지역의 역사를 중국 역사로 만들어놓음으로써 한반도가 통일되었을 때 일어날 수 있는 영토분쟁을 미리 방지하는 데 있다. 중국은 남북한과 중국 동북 3성 지역의 한민족이 민족주의 기치 아래 하나로 뭉치는 것을 크게 우려하고 있다. 이에 동북지역 조선족을 통제하는 수단으로 이들에게 이 지역 고구려 발해 역사가 조선 역사가 아닌 중국 역사라고 잘못된 교육을 시키고 있는 것. 명백한 역사왜곡이다. 또한 동북공정은 중국이 자국 중심의 아시아 공동체를 구성하기 위한 작업이기도 하다. 동북공정을 통해 이 지역 역사를 장악함으로써 동북아의 중심에 서려는 것이다.

하지만 고구려나 발해가 만주와 한반도를 동시에 영토로 삼았던 국가들인 것은 자명한 역사적 사실. 한국에서도 중국의 역사왜곡에 대처하기 위해 동북아역사재단이 출범해 체계적인 대응방안을 마련하고 있다. 민간에서는 '고구려 역사는 우리 역사'라는 당연한 사실을 확인하는 서명운동까지 벌였으며, 북한도 우리만큼은 아니지만 동북공정에 대한 부정적 발언을 공식적으로 내놓기도 했다.

최근에는 간도 영유권 문제까지 논란이 되고 있는데, 간도는 지난 1909년 9월 4일 청일 간의 간도협약에 따라 일본이 남만주 개발권을 획득하고 청나라는 간도영유권을 소유한다는 상호교환조건에 따라 잃어버린 우리 땅이다. 그렇다면 잃어버린 땅과 역사를 되찾기 위해서 우리가 할 일은 무엇일까? 우선 두 눈 부릅뜨고 관심의 끈을 놓지 않는 것.

동북공정은 통일한국과의 분쟁을 대비한 포석이라는데, 우리 정부가 그들보다 수를 잘 읽어야 할 텐데.

적반하장의 일제옹호론?
혹은 경제적 진실?

한국 사회의 진화과정을 바라보는 두 개의 극단적 시선이 있으니, 그것이 바로 '내재적 발전론'과 '식민지근대화론'이다. 이것은 한마디로 한국의 산업화와 근대화가 일제 덕분인가 한국 스스로의 힘인가를 다투는 것. 아무래도 우리를 침략한 외적의 힘으로 우리경제가 발전했다는 이론은 듣기에 기분 좋은 것은 아닌데 과연 진실은 무엇일까?

내재적 발전론은 '자본주의 맹아론'이라고도 하는데 이는 민족주의 사학계가 제기한 것으로, 일제가 조선은 정체된 사회로 아무런 발전 동력이 없었다고 주장하는 것을 반박하기 위해 그렇지 않다, 조선 후기에 이미 자본주의의 기운이 내재적으로 싹트고 있었다고 주장하는 이론이다. 이에 맞서 등장한 이론이 식민지근대화론. 이는 한국의 근대화는 일제강점기부터 본격화된 것으로 결국 일본의 조선 침략과 식민 지배가 한국의 산업화와 근대화에 기여했다는 주장이다. 이 논리에 따르면 조선 후기는 '내재적 발전' 상태가 아니라 '내재적 파탄' 상태였다고 하는데, 일제강점기에 일본 학자들이 만들어낸 이 이론은 해방과 함께 사라졌다가 80년대 이후 '안병직 사단'이라 불리는 일군의 경제학자들, 즉 뉴라이트 계열의 사학자들이 다시 들고 나온 것이다.

식민지근대화론은 결과적으로 일제의 식민 지배를 정당화하는 수단으로 쓰이게 되니, 일본은 자신들 교과서를 통해서도 일본 통치가 한국 산업화에 기여했다고 기록함으로써 교과서 왜곡의 쟁점을 만들어내기도 했다. 일본의 주장을 그대로 받아들이는 식민지근대화론은 사대주의적 역사관, 신친일파들의 논리로 비판받는 것이 현실인데, 이에 대해 식민지근대화론과 내재적 발전론은 동시성을 가졌다는 주장도 있다. 내재적 발전론에도 부분적 진실이 있고 식민지근대화론에도 부분적 진실이 있다는 것. 이 부분적 진실을 냉정히 평가하는 일은 지금도 진행 중이다. 아무튼 일본이 조선을 위해 조선의 발전을 꾀한 일은 절대 없었을 것. 식민지근대화론은 아무래도 일종의 적반하장 논리 아닐는지.

식민지근대화론을 제대로 비판하기 위해서라도 역사공부를 좀 더 열심히 해야겠어.

일찍이 꿈꿨던 정의의 도적떼

부자들의 재물을 약탈해 가난한 자들에게 나눠주는 의로운 도적이라니. 행위 자체는 나쁘지만 의도는 너무 멋지지 않나? 부의 불균형이 심각한 사회에서 누구나 한 번쯤 꿈꿔봄직한 이 정의의 도적떼가 바로 활빈당이다. 활빈당은 1899년~1904년 사이 한국의 남부지방에서 일어난 농민군 집단 중에서 가장 강대한 세력을 가졌던 집단으로 이들은 자연 평등의 실현, 사회 빈부 격차의 타파, 국가 혁신을 목표로 두고 미곡 수출 금지, 외국 상인의 상권확대 반대, 지주제 철폐, 가혹한 세금 폐지 등을 투쟁강령으로 내세우면서 경제 침탈에 대한 저항적 성격을 강하게 드러냈다. 부호의 재물을 빼앗아 빈민에게 나누어주는 이른바 활빈 활동을 벌인 것은 물론이고.

한동안 맹위를 떨치던 이들 세력은 치안 강화로 사실상 1906년 활동을 마감하며 일부는 의병운동에 흡수되는데, 이들 조직의 이름 활빈당은 원래 허균의 소설 《홍길동전》에 나오는 의적단의 이름이다.

조선 초기에 허균이 꿈꿨던 활빈당이 300여 년이 지나 실제로 등장한 셈이다. 그렇다면 소설 속일지언정 허균의 활빈당에는 어떤 사연이 있는 걸까?

총명한 재주에 학식이 뛰어났으나 서자로 태어나 늘 천대를 받고 자란 주인공 길동이 집안사람들 멸시를 참지 못해 집을 뛰쳐나와 적굴에 들어가 조직한 것이 바로 활빈당이다. 활빈당은 각 지방의 탐관오리들과 토호들이 불의로 쌓은 재물을 탈취하는 등 양반계급을 괴롭히고 가난한 양민을 돕는 의적활동을 벌이며 백성들의 숨은 지지를 한껏 받게 되는데, 하지만 결국 길동은 조정의 회유로 부득이 형조판서 자리에까지 오르고 마침내는 고국을 하직하고야 만다. 그리고 난징으로 가는 길에 율도국에 정착해 이상적 왕국을 건설한다는 것이 홍길동전 이야기다. 여기서 유토피아로 설정된 율도국은 그야말로 활빈당의 역할이 필요 없는 만민평등이 실현된 곳. 오래전 활빈당의 꿈은 지금도 여전히 21세기 '복지국가' 실현을 향한 강한 추동력으로 살아 있는 것이다.

부의 양극화가 너무 심각해지면 활빈당이라도 조직해 가난한 사람들 도와야 하는 거 아닌지 몰라.

'독도는 일본 땅', 이것이 21세기 정한론!

'독도는 일본 땅'이라 끊임없이 우기는 일본다운 논리가 정한론이다. 정한론이란 일본이 한국을 정복해야 한다는 주장인 것. 이는 일본 근대화 시기의 논리인데 도대체 이런 발상은 어떻게 나온 것일까?

1868년 메이지유신으로 막부시대를 끝내고 천황제 통일국가를 수립한 일본은 중앙집권적 내각을 건설해나가는 과정에서 불만을 가지게 된 무사 계층의 관심을 해외로 돌리기 위해 조선을 침략하자는 주장을 하게 된다. 명목상의 이유는 일본이 조선에 보낸 공식외교문서를 조선이 거부했다는 것인데 그 문서에는 '대일본' '황상' 등의 받아들이기 어려운 표현들이 즐비했으니 어찌 조선이 그 말도 안 되는 문서를 받아들여 국교를 맺을 수 있었겠는가. 사실상 일본은 그 전부터도 자신들이 서양과 동등한 힘을 가지기 위해서는 아시아를 침략해야 한다는 논의를 진행하고 있었으며, 1873년 사이고 다카모리가 정식으로 정한론을 제기했을 뿐이다. 이렇듯 일본 내부 사정으로 정한론은 번성해갔는데, 한반도를 교두보 삼아 일본이 대륙으로 진출해야 한다는 이들 생각은 한국 침략의 원흉 이토 히로부미를 비롯한 일본 지도자들이 훗날 실행에 옮겨 한국을 침략하고 36년간 강제 점령함으로써 실제 실천이 된 셈이다.

그 연장선상에서 지금 일본이 독도 영유권을 주장하는 것은 21세기 '신정한론'으로 볼 수 있다. 독도는 한국 영토 가운데 가장 먼저 일본에게 침략당한 섬이다. 1910년 일본이 한국을 강제 점령하기 5년 전 1905년에 일본은 독도를 점령하고 러일전쟁을 일으켰던 것. 현재 일본 정부가 학생들에게 독도를 일본 영토로 교육시키는 것은 1900년 한국 침략과 아시아인들에게 저질렀던 제국주의 침략 역사를 부정하는 것이다. 그리고 일본 학생들에게 한국이 일본 영토인 다케시마를 강탈했으니 일본 학생들은 나중에 한국으로부터 일본 섬을 되찾아야 한다는 적개심을 심어주고 있는 것.

이것은 한국과 일본의 문제만이 아닌 아시아 평화를 지켜야 하는 모든 아시아인의 문제로서, 우리 땅 독도를 지켜내는 것은 아시아의 평화를 지켜내는 일이다.

😊 **빛나는 한 줄 어휘**

일본에서도 생각 있는 지식인들은 자기들 정한론이나 우익교과서문제, 엄청 부끄러워하더라.

'조선식 근대화'의 빛이 되다

《서유견문》은 우리나라 최초의 서양 견문록. 조선 후기의 정치가 유길준이 정치가로서 자신의 직분에 충실하고자 서양에도 분명 배울 점이 있을 것이라 생각하고 서양을 소개하는 이 책을 쓰게 된 것이다. 1880년대에 한국인으로서 서양 여러 나라 대도시들을 여행할 수 있었던 인물은 아마도 유길준이 유일했을 것이다. 그런 만큼 그는 가벼운 여행기가 아닌 서양의 문화와 제도를 소개하는 글을 씀으로써 우리나라 개화를 앞당기고자 하는 시대적 사명감을 가졌을 터.

견문록이라기보다 일종의 개화 소개서가 된 이 책은 20편으로 구성돼 있는데 1편부터 18편까지는 온통 세계지리와 서양문물을 소개하는 내용이고 19편과 20편은 미국과 유럽 대도시를 소개하는 내용이다. 대원군의 쇄국정책으로 나라 밖 사정에 어두웠던 백성들은 서양의 새로운 문물과 제도, 문화와 삶에 대해 알 길이 없었기에 이 책에 대한 관심은 지대했었는데.

그런데 이 책은 유길준의 스승 후쿠자와 유키치가 쓴 《서양사정》을 상당 부분 베낀 것이라고 한다. 체제가 비슷하고 내용상 유사성이 많다고 하는데 그럼에도 두 저자의 관심 방향은 다르다는 것이 학계의 평가다. 그리고 이 책은 최초의 국한문혼용서로도 유명하다. 이는 문학사적으로 매우 중요한 공적으로 이 책이 출간됨으로써 당시의 신문, 잡지가 비로소 국한문혼용체를 많이 따르게 된 것. 또한 이 책이 개화기소설에 미친 영향 또한 지대했다고 한다.

그리고 《서유견문》은 1894년에 집권한 개화당 정권이 전통적인 봉건체제를 서양의 새로운 근대적인 체제로 개혁한 일을 일컫는 갑오개혁의 사상적 배경이 된다. 갑오개혁 기간 내내 의결되거나 시행된 개혁안 및 여러 문건들을 거의 유길준이 만들었던 것이다.

동양과 서양의 장점을 결합한 '조선식 근대화'를 꿈꿨던 유길준이 개화에 대한 강렬한 열망을 담아 집필한 서양 견문기 《서유견문》. 그런데 우리만의 것을 만들어 주체적인 미래를 설계코자 했던 한 인물의 꿈은 아직 이루어지지 않은 것으로 보아야 할까?

빛나는 한 줄 어휘

우리나라에 커피가 처음 소개된 것도 최초의 국비 유학생 유길준의 서유견문에서잖아.

취지는 좋으나 행실은 구차한 국가이념

주체사상 혹은 김일성주의는 마르크스레닌주의와 스탈린주의를 유교사상과 섞어 김일성이 창조해낸 정치철학으로, 조선민주주의인민공화국의 공식 이념이다. 북한 정치사전에는 "주체사상이란 한마디로 말해 혁명과 건설의 주인은 인민대중이며 혁명과 건설을 추동하는 힘도 인민대중에게 있다는 사상"이라며 이는 김일성이 교시한 것으로 "사람이 모든 것의 주인이며 모든 것을 결정한다"는 철학적 원리에 기초한다고 했다.

뜻만 보면 나쁠 건 없다. 아니 주체적인 시각이 빛나는 우수한 이념이기도 하다. 문제는 이 주체사상의 쓰임새가 주체적이지 않다는 데 있을 뿐이다.

주체사상의 핵심은 북한이 이루어야 할 자기혁명은 자기가 해야 한다는 것, 초기의 주체사상은 북한 실정에 알맞은 혁명과 건설의 추진을 강조하는 소박하고 통속적인 사고에 불과한 것이었다. 그러나 북한 정부가 이를 마르크스레닌주의와 동격으로 격상시키면서 철학적 의미를 최대한 부여하고 현시대 혁명과업에서 제기되는 모든 문제들을 해결할 수 있는 유일무이한 실천사상이라 과장하기에 이른다.

폐쇄 국가 내에서라면 이러한 '고귀한 뜻'은 일종의 통치 이데올로기로 기능할 수는 있을 것이다. 그러나 1980년대 말 일기 시작한 동유럽 공산권의 민주화, 개방화와 소연방의 해체, 중국의 개혁정책 앞에서 주체사상은 더 이상 위력을 발휘할 수 없게 된다. 북한이 애초에 주장했던 주체 개념을 지켜낼 수 없는 시대상황에 부딪치게 된 것이다. 그러자 등장한 또 하나의 구호가 '우리 식으로 살자'는 우리식 사회주의다. 북한은 외부사조에 흔들리지 말고 수령을 중심으로 굳게 뭉쳐 사회주의 체제를 고수하고 옹호할 것을 다짐하고 있는 실정이다.

인간 중심 세계관으로서의 주체사상은 취지 하나는 빛나는 사상임이 분명하다. 그러나 그 좋은 취지가 백성들 한 사람 한 사람의 주체적 삶을 북돋는 개념으로 쓰이는 것이 아니라 개인 우상숭배 시스템을 수호하는 지배이데올로기로 행사되는 것이기에, 주체사상은 단지 사이비종교 같은 것으로 전락되고 비판받는 것이다. 실제 미국 어느 종교 연구소에서는 주체사상을 세계 10대 종교의 하나로 분류하기도 했다.

통일을 염원하는 마음에서야 북한이 진정한 '주체'적 사상을 갖게 되길 바랄 뿐.

고래 싸움에 터진 새우등 감정

호랑이보다 무서운 가혹한 정치라는 뜻의 '가정맹어호(苛政猛於虎)'라는 말이 있다. 공자가 태산 기슭을 지나는데 어느 여인이 상복을 입고 새로 만든 무덤 앞에서 구슬프게 울고 있기에 이유를 물었더니 그 여인네 왈 "이 일대는 사나운 호랑이가 자주 출몰하는 곳입니다. 지난번에는 시아버님이 물려 돌아가시더니 그다음엔 남편이, 그리고 이번에는 아이까지 호랑이 밥이 되었답니다. 흑." 이에 공자가 답답하다는 듯 물었다. "아니, 그럼 진작 여기를 떠났어야지 않소?" 여인네 다시 왈 "그래도 여긴 가혹한 정치는 없는걸요." 어안이 벙벙해진 공자가 뒤따른 제자들에게 결론처럼 말하길 "가혹한 정치가 호랑이보다 무섭다는 것을 이제 알겠느냐?"

가혹한 정치란 가혹한 억압과 착취를 일컫는 것. 호랑이는 그래도 조심하면 피할 수는 있지만 전제사회에서 일반 민중은 억울한 수탈과 압박을 피하기 힘든 법, 조심한다고 피할 수 있는 문제가 아닌 것이다.

대한민국에서 지역감정이란 또한 호랑이보다 더한 위세를 떨치는 정치적 감정 대립을 말한다. 이 지역주의는 근대이전 전통사회에서는 존재하지 않았던 것인데, 박정희 정권이 정권유지 수단으로 호남 지방에 대한 악감정을 인위적으로 조장해서 생겨난 것이라고 한다. 따라서 이 정치적 목적에 이용당하는 영남 지방 사람들과 호남 지방 사람들은 서로 괜한 갈등 관계를 갖게 되었고, 오랜 세월 선거를 목적으로 정치가들이 이를 상습적으로 이용하면서 이들 마음속에 서로를 적대시하는 감정이 내면화되어버린 측면이 있다. 그러다 보니 아직까지도 선거 때만 되면 많은 유권자들이 이 정치적 음모에 휘말려 지역적 투표를 하는 경향을 보이는 것. 이로써 지역주의는 '망국적 고질병'이 되었다.

지역들 사이의 반목과 대립을 야기시키는 지역감정은 민족 간 국가 간으로 범위가 확대되면 걷잡을 수 없는 적대감을 유발해 실제 지역 분규와 전쟁을 일으키기도 한다. 아무튼 불순한 의도가 개입된 이런 지역감정에 휘둘린다는 것은 개인의 존엄성을 스스로 내팽개치는 어리석은 일임은 너무 확연한 사실 아닌가? 호랑이보다 무서운 지역감정이긴 하지만 호랑이를 피하는 것처럼 피할 수 있는 것 또한 지역감정이리라.

그동안 지역감정 때문에 상처받은 사람들의 아픔은 누가 치유해줘야 하는 거지?

위대한 정성이 빚은 우리문화유산

해인사에 있는 팔만대장경은 고려 때 불경을 집대성한 것, 정식 명칭은 고려대장경이지만 경판 수가 8만여 개에 달해 흔히 팔만대장경이라고 부른다. 왜 8만일까? 불교에서는 숱한 인간 번뇌를 8만 4000번뇌라고 하고, 석가모니 부처님이 그 온갖 번뇌를 끊고 고통에서 벗어나 자신처럼 부처가 되는 길을 대중에게 설법한 것이 8만 4000법문인 것이다.

그런데 이 방대한 양의 대장경은 왜 만들어진 것일까?

고려 때 부처님의 힘을 빌려 북방군의 공격을 막아내기 위한 방어책의 하나로 국가적 차원에서 대장도감이라는 임시기구까지 설치해 만든 이 대장경은 몽골 침략 때 화염 속으로 사라지는 비운을 한 번 겪었는데, 그 뒤 다시 심기일전해서 새로 만든 것이 지금까지 전해내려오는 대장경이다. 처음 불탄 것이 초조대장경, 다시 만든 것이 이른바 재조대장경. 제작기간만도 16년에 걸친 이 대장경은 그 방대한 양에도 불구하고 마치 숙달된 한 사람이 모든 경판을 새긴 것처럼 판각 수준이 일정하고 아름다워 조선시대 명필 추사 김정희 또한 감탄해 마지않았으니 "이는 사람이 쓴 것이 아니라 마치 신선이 내려와서 쓴 것 같다"고 했을 정도다.

보존상태가 좋아 오랜 세월이 지난 지금도 거의 완벽한 목판본으로 남아 있는 팔만대장경은 현존하는 목판대장경 중 가장 오래된 것으로 그 문화적 우수성이 널리 알려지면서 1995년 유네스코 세계문화유산으로 지정되기에 이른다.

그런데 '세계의 불가사의'라는 찬사까지 받고 있는 이 팔만대장경이 한국전쟁 중 소실될 뻔한 위험에 처한 적이 있었다. 그리고 그 위험에서 가까스로 팔만대장경을 지켜낸 아름다운 이가 있었으니 그가 바로 고(故) 김영환 장군이다. 한국전쟁 당시 대령이었던 그는 인민군 소탕을 위해 폭격 명령을 받았는데 폭탄 투하 지점이 바로 팔만대장경을 보관한 해인사였다. 고민에 빠진 그는 명령에 불응한 채 기수를 돌린다. 전쟁 중 명령불복종은 이적행위로 처형될 수도 있는 사안이었지만 그는 모든 위험을 감수하고 소신껏 행동했고 그러한 그의 용기가 극적으로 팔만대장경 판본들을 지켜낸 것이다.

그러고 보면 팔만대장경은 그야말로 '아름다운 소신'들의 결정체가 아닐 수 없다.

팔만대장경의 가치를 우리보다 외국인이 더 잘 알아보는 것, 부끄러운 일 아닐까?

'온고지신'을 위한 불후의 학습지

논리적 가능성이 경험적 가능성보다 우세함을 표현하는 농담이 있다. 두 엄마가 자식자랑에 여념이 없다. 한 엄마 왈 "우리 아이가 이제 일곱 살인데 사서삼경을 모두 읽을 수 있답니다, 호호." 다른 엄마가 이에 질세라 왈 "우리집 아이는 글쎄 다섯 살 때 그걸 영어원서로 다 읽었는데요 뭘."

일곱 살 때 사서삼경을 모두 다 읽는다는 것은 보통아이에겐 실로 불가능한 일이지만 천재라면 뭐 가능한 일일 수도 있겠다. 하지만 사서삼경은 원래 한문책이니만큼 영어원서란 것은 애당초 존재할 수 없는 것. 경험적 가능성 제로의 발언이다. 그러니 여기서는 그나마 논리적 가능성 1%를 갖춘 전자 엄마의 주장이 설득력이 있는 것이다.

그런데 여기서 등장하는 책의 예가 왜 하필 사서삼경일까? 그만큼 대단한 노력 없이 읽어낼 수 없는 동양 불후의 명저인 것이다. 이 휘황한 디지털 시대에 이 구닥다리 한문 고전은 어쩌면 갈수록 더욱 강한 생명력을 갖게 될지도 모를 일이다. '온고지신'의 미덕이 날로 강조되는 통섭의 시대에는 사서삼경이야말로 '온고'를 하기 위한 가장 큰 지혜의 거름이기 때문이다.

사서삼경은 유교의 기본 경전이다. 곧 사서는 《논어》《맹자》《대학》《중용》을 말하며, 삼경은 《시경》《서경》《역경》을 가리킨다.

이중 《논어》는 공자의 생애 전체에 걸친 언행을 공자가 죽은 후 그의 제자들이 모아놓은 것, 《맹자》는 공자 제자인 맹자 자신이 쓴 유교 경서, 《대학》은 교육의 목적과 그 목적을 이루는 방법을 기록한 책, 《중용》은 내면 수련을 통해 참된 인격을 형성하도록 이끄는 내용을 담고 있는 책이다. 그리고 《시경》은 중국에서 가장 오래된 시가집으로 고대 각 지방에서 전해지던 가사들을 모아놓은 책, 《서경》은 역대 제왕들이 '천명(天命)'을 보존키 위해 지켜야 할 규범을 말하고 있는 책, 《역경》은 우주 원리를 상징이나 수리로 표현해 나타낸 책이다. 여기에 《예기》와 《춘추》를 포함하면 사서오경이 된다.

공자님 말마따나 언제라도 '배우고 때로 익히면 즐겁지 아니한가!'

현대 언어로 편하게 번역된 사서삼경이 나와 그 깊은 뜻이 널리 대중화되면 좋겠어.

장중하게 펼쳐지는 거대 중국 역사서

사마천이라는 한 인물의 필생의 역작 《사기》. 중국 역사는 바로 이 책에서 확립되었다 해도 과언이 아닐 정도로 《사기》는 중국 역사의 핵심을 제대로 꿰뚫고 있는 역사서다. 그런데 이 책 집필 와중에 사마천은 '궁형'이라는 치욕을 겪는다. 무슨 일이 있었던 걸까?

당시 한나라 무제는 변방 흉노족을 토벌하는 것이 일생의 과제였고 이에 사마천의 친구인 이릉에게 단 5천의 병사를 주고 흉노족 토벌에 나서게 한다. 상대는 흉노왕이 직접 지휘하는 3만의 정예군. 하지만 이릉은 이들을 통쾌하게 격파하는데, 아쉽게도 그 업적은 오래 못 가고 결국 흉노의 포로가 되고 만다. 성격이 본래 불같았던 무제는 이 소식을 듣고 크게 격분한다. 장수란 전쟁에서 승리하지 않으면 전사해야 하는 것이거늘 비굴하게 포로를 자청하다니.

무제는 그때 이미 아버지 사마담의 유언을 받아 《사기》를 쓰고 있던 사마천에게 의견을 묻는다. 네 친구를 어찌하면 좋겠냐고. 이에 친구의 성품을 잘 아는 사마천은 이릉이 투항한 것은 아마도 살아서 후일을 도모하려는 의도였을 것이라고 그를 변호하고, 이에 화가 난 무제는 사마천에게 사형을 선고한 것이었다.

당시 사형을 면하는 방법은 단 두 가지. 하나는 상당량의 금을 지불하는 것과 다른 하나는 궁형(거세형)을 받는 것. 사마천은 온갖 조롱을 감수하면서 궁형을 선택했으니, 그에겐 죽기 전에 해야 할 일, 바로 《사기》를 완성해야 하는 일이 있었기 때문이다.

중국이 자랑하는 사상가 공자, 맹자, 장자, 노자의 전기가 모두 기록되어 있음은 물론 동아시아 역사를 제대로 이해하는 데 필요한 모든 역사적 사실이 빠짐없이 기록된 사마천의 《사기》에 대해서는 여러 가지 평가가 있지만, 무엇보다 두드러진 이 책의 업적은 위대한 성현뿐 아니라 보통사람들이 도덕적 당위와 이기적 본능 사이에서 고뇌하는 모습을 생생히 기록함으로써 역사란 모름지기 '살아 숨 쉬는 인간'에 의해서 창조된다는 점을 극명하게 보여준 점이라 할 수 있다. 한편 이 책의 충만한 비판정신이 궁형당한 사마천의 울분에서 비롯된 것으로 보고 이 책을 '비방의 서'라 부르기도 하는데, 그보다 사마천의 비판정신이야말로 온갖 갈등관계를 딛고 나아가는 역사에 대한 준엄한 지적이라고 보는 시선이 많다.

궁형이라는 절대적 치욕을 견뎌낸 정신으로 쓴 책이니 《사기》가 그토록 위대한 거지.

성노예, 그 잔혹한 슬픔의 역사

사람이 사람에게 가할 수 있는 가장 몹쓸 짓은 무엇일까? 권위와 폭력으로 무장된 성적학대 아닐까? 사실상 성노예, 성폭력피해자는 인간의 잔인한 본성이 적나라하게 분출되는 전쟁사에서 늘 존재해온 슬픈 진실이다.

일제 식민지 시대에 일본군 위안소로 연행되어 일본군에게 강제로 성폭행당한 여성들을 일컫는 말인 일본군위안부. 한국에서는 오랫동안 이들을 '정신대'라는 말로 불러왔는데, '정신대'라는 것은 전시체제 아래서 일본 제국주의의 전투력 강화를 위해 특별히 노동력을 제공하는 조직 등을 지칭하는 말로 실질적인 위안부를 일컫는 말이 아니기에 부적절한 표현이다. 그리고 '종군위안부'란 표현도 말뜻 그대로 하면 '군대를 따라다니는' 위안부라고 해석할 수 있기에 비참하게 끌려다닌 위안부의 역사를 왜곡시킬 수 있으므로 지금은 일본군위안부라고 통칭한다.

일본은 만주사변과 중일전쟁으로 전선이 확대되고 전쟁이 장기화되자 늘어나는 주민 강간과 성병을 막고 군의 사기를 진작시킨다는 명목으로 '군위안부' 제도를 만들어 이를 체계적으로 실행했다. 일본, 한국, 중국, 필리핀, 인도네시아 등지에서 많은 여성들이 은밀하면서도 조직적으로 군위안부로 동원된 것. 끌려간 여성들 나이는 10대 초반부터 40대까지 광범위했으며 가난한 집안 여성들이 취업 사기에 속아 끌려갔기도 했고 유괴나 강제 연행 형식으로 끌려간 경우도 많았다. 이들 끌려간 여성들은 열악한 군위안소에서 인간으로서 견딜 수 없는 성노예 생활을 강요당했다.

그러나 열악한 위안소에서 인권을 유린당한 채 소모품 취급을 받으며 눈물로 세월을 보낸 위안부들은 일본이 패망하자 철저하게 버림받는다. 일본 정부도 한국 정부도 이들에 대한 아무런 대책이 없었던 것. 피해 여성들이 가장 원하는 일본 정부의 사과와 배상은 지금도 이루어지지 않고 있는 실정으로, 매주 수요일이면 일본대사관 앞에서 일본의 사죄를 요구하는 위안부 할머니들의 집회는 아직도 끝나지 못하고 있다.

위안부할머니들이 생존해 계실 동안 하루속히 일본 측의 사과와 배상이 이뤄져야 할 텐데.

평화와 상생의 사회를 일구는 종교정신

인류의 가장 큰 비극은 종교 간 갈등과 그에 따른 전쟁, 그로 인한 상처다. 종교란 것이 기본적으로 갖는 소양이 사랑과 평화일진대 이는 참으로 아이러니한 일이 아닐 수 없다. 게다가 한국은 세계에서도 종교 박물관이라 할 정도로 다양한 종교가 열광적인 신도들을 거느리고 있는 실정으로 각 종교 간의 갈등관계는 사회병리현상일 정도로 심각한 수준이다.

과연 종교 간 갈등은 사라질 수 없는 것일까? 이러한 종교 간 갈등의 해결책은 무엇이어야 할까? 이러한 질문에 대한 진지한 고민과 그 고민의 성과가 '이웃종교'가 품고 있는 아름다운 의미들이다. 이웃종교란 종교 간 대립을 지양하고 종교가 갖는 타종교에 대한 배타성을 반성하며 내 종교와 다른 종교를 이웃처럼 생각하자는 뜻으로 만들어진 실천적 개념이다.

사회문제를 조정하고 해결해야 할 종교가 오히려 사회병리현상이 된 것은 분명 종교 자체의 문제가 아닌 종교 추종자들의 문제다. 종교의 진정한 의미를 잊어버린 채 문자주의적 해석에만 집착해 경전을 곡학아세하며 잘못된 믿음을 양산하는 종교지도자들, 나와 내 종교만 옳고 남의 것, 남의 종교는 틀렸다는 종교배타주의, 나를 돌아보는 기본자세도 갖추지 못한 채 그저 나와 내 가족만 잘되게 해달라고 복을 비는 것이 종교활동의 전부가 돼버린 기복주의 신앙행태 등 우리 종교는 표피적인 종교의식에 머물러 진정한 종교정신과 종교인의 모습에서 멀어진 것이다.

종교 간 대화와 협력, 평화적 공존을 촉구하는 목소리가 높아지는 요즈음 이웃종교들 간의 우애형성은 절실한 사회과제이기도 하다. 서로 다르되 함께 조화를 이루며 공존하는 화이부동(和而不同)의 정신이 종교 세계에 퍼지려면 무엇보다 모든 종교인이 각 종교 심층의 종교적 자세를 견지하는 일이 우선되어야 할 것이다.

사실상 모든 종교의 '지향'을 파고들다 보면 그 최종점에서는 모든 종교가 하나이지 않을까? 오랜 세월을 살아남는 종교는 모두가 사랑과 자비를 실천하는 종교이며 나만 잘되는 것이 아니라 나와 이웃, 나와 모든 존재가 하나라는 깨달음을 기본으로 하지 않던가 말이다.

이웃종교 간에 서로를 축하해주는 모습을 보면 진정한 우애를 보는 듯해 마음이 뿌듯해져

일본 근대화의 신호탄을 쏘다

박정희 대통령은 자신을 일본 메이지유신의 우국지사로 비유했고 자신이 일으킨 5·16혁명을 메이지유신에 비유했으며 혁명 이후 새로 만들어진 헌법 이름도 유신헌법이라 명명했다. 그에게 메이지유신은 그야말로 이상적인 국가상이었던 것. 그렇다면 박정희 대통령의 국가개발 롤 모델이 된 메이지유신은 무엇을 말하는 것일까?

메이지유신이란 일본 근대화의 신호탄이 된 정치혁명으로 메이지 왕 때 그동안 일본 내 우위세력이었던 막번체제를 무너뜨리고 왕정복고를 이룩한 변혁과정을 말하는데, 이를 한마디로 표현하면 사무라이가 천황을 내세워 막부를 뒤엎고 근대화를 꾀한 것이다.

때는 19세기 중반, 개항을 요구하는 서구세력과의 조약체결 과정에서 막부정치 즉 오랜 세월 일본 정치의 실권인 쇼군을 중심으로 한 일본의 무사 정권이 무능함을 보이자 이를 비판하는 세력들이 수면 위로 떠오르게 된다. 일찍부터 막부정치에 강한 불만을 갖고 있던 이들은 국왕 중심의 강력한 중앙집권적 개혁정치를 주장하게 되는데 그게 바로 메이지유신으로 나타난 것이다. 이로써 700여 년 내려오던 막부는 패배하고 왕정복고가 이루어졌으니, 메이지정부는 모든 분야에서 일련의 개혁을 추진하고 부국강병의 기치하에 서구 근대국가를 모델로 국민의 뜻을 묻지 않는 관주도의 일방적 자본주의 육성과 군사적 강화에 노력하며 새 시대를 열게 된다.

메이지유신으로 일본은 실질적인 근대적 통일국가를 형성한다. 경제적으로는 자본주의를 성립시키고, 정치적으로는 입헌정치를 개시하며, 사회문화적으로는 근대화를 추진한 것. 또 국제적으로는 제국주의 국가가 되어 천황제적 절대주의를 실현시킨다.

근대화 과정을 나타내는 개혁운동의 대표명사가 된 메이지유신은 흔히 비슷한 시기의 중국 근대화 운동인 양무운동과 곧잘 비교되는데, 양무운동이 서구문물의 선택적 도입인 반면 메이지유신은 서구의 제도와 기술을 모두 도입한 것이 특징이다. 실로 전면적이고 전투적인 혁명이었던 것. 이는 당시 한국의 신진지식인들에게도 하나의 발전 모델 역할을 하기에 충분했으나 그 파급력은 미미했다. 그러던 것이 시간을 타고 올라 그 전면적이고 전투적인 메이지유신의 후폭풍이 5·16 혁명으로 나타난 것이다.

사무라이의 그 '해내는 정신' 하나만큼은 본받아야 할 듯. 그게 바로 집중력이지.

피를 부르는 권력투쟁 드라마

'사림이 화를 입다'는 뜻의 사화. 조선시대에 사림 세력이 정치적 반대파 훈구 세력에게 몰려 참혹한 화를 입던 일을 가리키는 사화는 그 일이 일어난 해를 붙여 일컫는 무오사화, 갑자사화, 기묘사화, 을사사화, 이렇게 4대 사화가 대표적이다.

정치세계에선 언제나 기득권 세력과 그에 대항하는 세력 간의 알력과 충돌이 나타나기 마련인데 조선시대 사화는 그런 정치판도 안에서도 유독 드라마적 요소가 강한 정치현상이었다. 왕과 신하를 둘러싼 너무나도 절박한 정치투쟁이었던 것.

사화의 당사자로 등장하는 사림과 훈구는 조선 건국 전 고려시대 때는 당시 기득 세력이었던 '권문세족'에 대항하는 '신진사대부'라는 하나의 엘리트 관료그룹이었는데 이들이 권문세족을 이기고 고려를 개혁하는 과정에서 두 개 세력으로 나뉜다. 즉 정도전 등 이성계와 합작해 역성혁명을 이룬 세력이 훈구가 되고 정몽주 등 조선건

립에 반대하고 고려 개혁을 주장했던 인물들이 사림인 된 것. 조선 건국 후 정치는 주로 훈구들이 장악하고 사림은 공부에만 전념한다. 하지만 성종 때부터 조광조 등의 사림들이 등장하면서 정치판도에 균열을 일으키기 시작, 조선왕조가 개창한 지 100년이 될 무렵 성종과 연산군, 그리고 중종을 둘러싼 정치투쟁이 본격화되면서 바야흐로 조선은 사화와 반정의 시대를 맞게 된다.

그런데 사화와 반정 시대의 주인공인 훈구와 사림은 당시 정치무대에서 일대일의 세력다툼을 벌였던 맞수 개념은 아니고 역동적인 정치 환경에 따라 움직이고 대응했던 두 개의 정치 주체일 뿐이었다.

안정된 정치시스템을 구축하고자 했던 성종과 달리 그의 아들 연산군은 기존의 모든 시스템을 부정하려 했는데 그 와중에 첫 번째 사화인 무오사화가 일어나고 다시 비극의 '반정(反正)'이 발생한다. 반정이란 왕이 무능하거나 포악해 백성이 곤경에 빠졌을 때 행하는 무력적인 정치변동을 말하는 것으로, 이때 연산군을 축출한 중종반정과 이후 광해군을 축출한 인조반정이 있다. 무오사화 이후에도 세 번의 사화가 더 이어지며 정계에 숱한 피를 뿌리게 되는데, 훈구와 사림 간의 역동적 정치투쟁이 막을 내린 후에는 상호 비판과 견제로 정치를 이끄는 이른바 붕당정치 시대가 열린다.

😊 빛나는 한 줄 어휘

정치적 반대파가 숙청대상이 되는 역사는 반드시 청산해야 하는 구시대 유물인 거지.

깨어 있는 정신의 위대한 승리

역사의 물줄기를 바꾼 위대한 각성, 그것은 '정의'였다. 4 · 19혁명은 바로 '정의'의 승리를 일컫는 말.

이승만과 자유당정권의 12년간에 걸친 장기집권을 종식시키고 제2공화국을 출현시킨 역사적 전환점이 된 4 · 19혁명은 애초에 정권 탈취나 체제변혁을 목적으로 한 것이 아니었다. 오직 정의감에 불타는 청년학생들이 불의에 항거한 의분의 결과물이었을 뿐, 정치적 주도세력이나 조직적 투쟁 계획 혹은 목표가 있었던 것이 아니었다. 다만 이 정의의 씨앗이 집단행동을 취하는 과정에서 사태가 급격히 발전하다 나타난 결과적 현상이 한국 정치발전사에 하나의 획기적인 일대사건이 된 것이다.

4 · 19혁명의 최초 원인은 1960년 제1공화국 당시 자유당 정권이 이승만의 비서 이기붕을 부통령으로 당선시키기 위해 개표를 조작한 3 · 15 부정선거였다. 이에 마산에서 시민들과 학생들이 부정선거를 규탄하는 격렬한 시위를 벌이자 정부는 이를 총격 등 무력으

로 강제 진압하며 다수의 사상자를 발생시켰고 무고한 학생과 시민을 공산당으로 몰면서 고문을 가하게 된다. 그러던 와중 1960년 4월 11일 마산시위에서 실종되었던 고등학생 김주열군이 눈에 최루탄이 박힌 채 참혹한 시체로 발견됨으로써 시민들의 분노를 일으키니, 이것이 도화선이 되어 시민들의 시위는 걷잡을 수 없이 확산된다.

드디어 4월 19일, 대학생만 2만여 명을 헤아릴 만큼 엄청난 군중이 서울 거리를 뒤흔들며 부정선거 무효와 재선거를 주장하며 총궐기하기에 이르는데, 여기에 경찰이 무차별 총격을 가하면서 많은 희생자가 발생하고, 이러한 과잉 진압은 국민을 격노하게 만들었으니, 결국 그로부터 엿새 후 '학생의 피에 보답하라' 외치는 대학교수들의 시국선언이 이어짐과 동시에 이승만 대통령은 하야하고 자유당 정권은 종말을 맞이하게 된다.

'민주주의'라는 나무가 피를 먹고 자라는 나무라는 것을 온몸으로 증명한 4·19혁명. 대한민국 국민의 민주의식 발전과 민주주의 발전에 지대한 기여를 한 이 아름다운 혁명 정신을 지켜내는 일, 그것은 당연히 우리들 몫 아니겠는가.

역사의 진행과정을 보면서 가장 경탄하게 되는 것은 '정의'는 기필코 승리한다는 것.

양심을 지키는
비극적 수인

양심 있는 죄인이라니? '양심수'라는 말은 분명 어폐가 있는 말인데, 정의롭지만은 않은 세상이 만들어낸 하나의 아이러니인 것. 그러니까 양심 없는 사람들이 양심 있는 사람들을 벌할 수 있는 세상에서 어쩔 수 없이 벌 받는 사람들, 그들을 양심수라 일컫는 것이다. 국제사면위원회(엠네스티)가 정의한 양심수는 "폭력을 행사하거나 옹호하지 않았는데도 정치적·종교적 또는 그 밖의 양심에 입각한 신념을 표현했다는 이유로 세계인권선언과 국제인권규약에 위배되는 투옥·구금·육체적 억압을 비롯한 여러 형태의 구속을 받고 있는 사람"이다.

국가권력으로 처벌당하고 억압받는 각국 정치범들을 구제하기 위해 설치된 국제기구인 엠네스티는 세계의 양심수들을 보호하는 단체인데, 이들이 정의하는 양심수와 각 나라가 주장하는 양심수는 다르기 마련이고 실제로 자신의 나라에 양심수가 있다고 인정하는 나라는 드물다. 국내에서도 양심수는 실정법상 용어가 아닌 이유로 이에 대한 명확한 정의는 없다. 하지만 일반적으로 국내에서 양심수라 하면 반독재, 민주화투쟁, 통일운동 과정에서 실정법을 어길 수밖에 없었던 사람들을 가리키는데, 투쟁방법에서 설사 그들이 폭력적 방법을 사용했더라도 국민저항권 차원에서 그것은 인정받아야 한다는 것이 지배적 의견이다.

인권단체들은 '국가보안법' '집회 및 시위에 관한 법률' '노동관계법' 위반 사범을 양심수로 보고 있으며 엠네스티에서도 한국의 국가보안법 위반 사범 등을 양심수로 보고 있다. 양심수 관련 대표 단체인 민주화실천가족운동협의회(민가협)는 양심수 가족 단체로 지난 십수년간 국가보안법 철폐와 양심수 석방을 위한 목요집회를 열며 정의를 위한 '저항'을 하고 있으며, 구속자 가족 범위를 넘어 각계각층이 양심수 문제에 관심을 갖고 지속적 문제해결을 위해 노력하는 단체로는 '양심수후원회' 활동이 활발하다.

영국의 문명사학자 토인비는 이렇게 말했다. "역사적 성공의 절반은 죽을지도 모른다는 위기의식에서 출발했고, 역사 속 실패의 절반은 찬란했던 시절에 대한 향수에서 비롯됐다."

시련을 피하지 않는 양심수들의 양심을 제대로 지켜내주는 세상을 만드는 것이 우리가 꿈꿔야 할 정의 아닐는지.

빛나는 한 줄 어휘

양심수라는 말 자체가 정의가 없는 사회를 풍자하는 것 같아 왠지 씁쓸해지는군.

'유식'의 즐거움,
언어의 묘를 깨쳐라

진정 아는 것이 '힘'이고
'보약'인 세상.
유식하면 즐겁고 신나고 폼나고
아름답다.

'그것이 그것'인 무의미한 비교

얼마 전 치른 시험에서 45등한 친구가 50등한 친구를 타박한다면? 45등한 친구는 의기양양할 수 있고 50등한 친구는 의기소침해야 하는 걸까? 이때 쓰이는 말이 '오십보백보'. 이 말은 피차 근소한 차이는 있으나 본질적으로는 둘 다 못났다는 말, 그것이 그것이라는 뜻이다.

위나라 혜왕은 맹자를 초청해 자신이 다른 군주보다 선정을 베풀지만 인구가 불어나지 않는 까닭을 물었다. 이에 맹자는 혜왕이 사소한 선정을 베풀고 민심을 얻어 전쟁을 통한 부국강병을 노리고 있음을 은근히 꼬집었으니, 혜왕의 속마음이 다른 나라 왕과 크게 다르지 않음을 다음과 같이 비유적으로 말했다.

"싸움터에서 둥둥 북이 울리고 싸움이 시작된 상황. 한 병사가 지나치게 겁을 먹은 나머지 갑옷을 벗어던지며 도망치다 100걸음쯤 가서 멈춰 섰습니다. 그리고 또 한 병사는 도망치다 한 50걸음쯤 되는 데서 멈춰 서더니 100걸음 도망친 놈을 보고 비겁한 놈이라고 욕을 했다고 칩시다. 어떻습니까?" 그러자 혜왕이 대답하길 "말도 안 되는 소리, 50보나 100보나 도망친 건 마찬가지 아니겠소?" 맹자는 주저하지 않고 말했다. "그렇다면 왕께서는 이웃나라보다 백성이 많아지는 것을 바라지 마소서."

맹자는 이 오십보백보의 비유를 통해 어차피 혜왕도 다른 왕처럼 진정한 선정보다는 나라 키우기에 급급한 왕임을 주지시킨 것이다. 우리 속담에 '똥 묻은 개가 겨 묻은 개 나무란다'는 말이 있는데, 이 또한 자기 주제파악 못하고 나서는 것을 경계하는 말이다. '겨'란 곡식을 찧어 벗겨낸 껍질을 통틀어 이르는 말로 똥보다는 더러움이 적은 것. 자신의 허물이 더 크면서 남의 작은 허물을 가지고 시비를 건다는 그런 뜻.

사소한 차이는 있지만 잘못하기는 매한가지라는 오십보백보와 달리 난형난제(難兄難弟)는 두 사람의 능력이 서로 엇비슷해 우열을 가리기 힘든 상황에서 쓰는 말. 막상막하와 같은 뜻이다. 오십보백보가 부정적인 의미인 반면, 난형난제나 막상막하는 긍정적인 의미다.

오십보백보 차이 가지고 서로 잘났다고 아옹다옹하는 것, 정말 꼴불견이라니까.

극단적인 입장의
비극적 시선

흰색과 검은색, 이 두 가지 무채색은 세상의 다양한 대립을 상징하는 대표 색상이다. 빛과 어둠, 생명과 죽음, 희망과 절망, 음과 양, 긍정과 부정 등. 그런데 세상의 모든 문제를 이러한 흑백의 선명한 대립적 구조로만 파악하는 사고방식이 있으니, 이것이 흑백논리다. 즉 모든 사물이나 생각 등의 대상을 선과 악, 득과 실의 양 극단으로만 구분하고 중립적인 것을 인정하지 않으려는 편중된 사고방식이나 논리가 흑백논리인 것.

사람들의 일반적 편견은 대부분 흑이 나쁘고 백이 좋다라고 생각하는데, 경우에 따라서는 흑이 좋게 작용할 수도 있고 백이 나쁠 수도 있는 법이다. 그리고 그 흑과 백 사이에는 무수히 많은 중간자적 입장이 있을 수 있는데 이러한 '중간자'를 허용하지 않고 극단적인 선택만을 요구하는 사고는 사회적으로 조장된 측면도 없지 않다. 극단적 주장은 지조 있는 소신파로, 극단을 피하면 정체불명 회색분자로 몰리는 것이다.

그 좋은 예가 바로 우리 사회의 '좌익'과 '우익' 논쟁이다. 그러나 이러한 이분법적 사고방식으로는 어떠한 문제도 생산적이고 발전적인 해결책을 만들어내기 어렵다. 오히려 사회불안만 야기되고 아울러 개인적 심성까지 황폐화시키는 측면이 있다.

이러한 흑백논리는 합리적이고 근본적인 문제 해결을 저해하기에 문제가 되는 것인데 문제 자체에 집중하지 않는 자기합리화의 오류는 흑백논리 말고도 여러 형태로 드러난다. 웃긴 예를 하나 들면 이렇다. 어느 선교사가 식인종에게 붙잡혀 가마솥에 넣어지려는 순간, 식인종 추장이 나타나더니 그 선교사에게 자랑스레 떠든다. 자신이 하버드대를 다녔다며 영어로 잘난 척을 한 것이다. 이에 기가 막힌 선교사 왈 "당신이 하버드 출신이라고? 그런데 어찌 인간을 잡아먹는단 말이냐?" 추장 왈 "그러니까 내가 이젠 칼과 포크를 이용해서 먹지 않겠나."

식인 행위를 비난하는 질문에 대한 어이없는 추장의 대답. 이러한 지엽적이고 비본질적인 대답은 문제 해결에 대한 의지 자체가 전무함을 드러낸 것이다. 흑백논리 또한 문제를 해결하려는 의지에 앞서 자기 생각만을 강변하려는 아집의 한 종류일 뿐.

깨어 있는 지성들에겐 흑백논리나 새빨간 거짓말은 절대 통하지 않아.

진실이 흐르는 마음의 길

꽃을 들어 미소 짓다? 그 꽃은 무슨 꽃이며 그 미소는 어떤 의미를 담은 미소인 걸까? 이 아름다운 장면은 부처님과 그의 제자 가섭 사이에 벌어진 이야기 속 장면이다. 그 옛날 부처님이 영축산에서 설법하실 때, 한번은 부처님이 문득 연꽃 한 송이를 들어 보이셨는데 대중들은 영문을 몰라 어안이 벙벙해진 채 망연자실해 있는 중 백발성성한 제자 가섭만이 부처님의 뜻을 알아채고 빙그레 미소 지었다는데.

현재 우리나라 불교를 대표하는 조계종은 불교 종파 중 선종에 속한다. 선(禪)이란 책을 읽고 공부하는 학문이 아니라 마음을 닦고 마음을 들여다보는 마음공부를 주로 하는 종파를 일컫는다. 선에서 진리란 자신의 마음으로 직접 체험해야 얻을 수 있는 것, 이러한 선의 시조를 가섭이라고 한다. 영축산에서 부처님은 백 마디 말보다 마음의 중요성을 일깨우고자, 문자를 초월해 있는 진리를 가리키고자 꽃을 들어 보였던 것이고, 이를 가섭은 마음으로 알아들은 것이다. 이것이 이심전심(以心傳心)이다. 마음과 마음이 통했던 것.

즉 염화미소란 말을 하지 않고도 마음과 마음이 통해 깨달음을 얻게 된다는 뜻으로, 선 수행의 근거와 방향을 제시하는 중요한 화두다. 일상에서도 누군가와 마음으로 대화한다는 뜻을 표현하고자 할 때 유식하게 염화미소 운운하는 것이다.

절에서 매년 여름 절기와 겨울 절기 두 번에 걸쳐 스님들이 외부와의 출입을 끊고 참선수행에 몰두하는 행사를 안거(安居)라 하는데, 이 집중수행 기간 동안 스님들은 책을 읽는 것이 아니라 자기 마음으로 길을 내서 그 길로 돌진한다. 그리고 이때 길잡이가 되는 것이 화두. 하나의 화두를 붙들고 용맹정진하는 스님의 모습은 비할 데 없이 엄숙하고 장엄하다.

그런데 부처님은 하고 많은 꽃 중에서 왜 연꽃을 보이셨을까? 연꽃은 더러운 진흙탕 속에 뿌리를 두고 있지만 자신은 결코 그 더러움에 물들지 않고 아름답고 향기로운 꽃을 피우는 기특한 꽃이다. 따라서 인간 또한 비록 어지럽고 혼탁한 세상에 발붙이고 살더라도 맑고 향기로운 꽃을 피워 세상을 맑게 하자는 깊은 의미가 있는 것.

서로 염화미소를 지을 수 있는 친구가 있다면 그 인생은 성공한 거지.

죽음을 각오한 투지의 힘

물을 등지고 진을 친다는 뜻의 배수진. 어떤 일에 결사적인 각오로 임한다는 이 말은 어떻게 생겨난 것일까? 한나라 유방이 제위에 오르기 전 그의 명장 한신은 수만 명을 이끌고 조나라를 공격한다. 이에 조나라는 군사 20만 명을 동원해 한나라가 쳐들어올 길목에 방어선을 구축하는데, 한신은 기병 2000명을 조나라가 쌓은 성채 바로 뒤편에 매복시키고 나머지 군사들은 강을 등지고 진을 치게 했다. 수만 대 수십만의 전력 싸움에서 한신의 전략은 일단 조나라의 군사력을 흩뜨리는 것. 조나라 군사가 성을 나와 공격하자 한신은 배수진까지 거짓으로 후퇴하고 조나라 군사가 추격하는 사이에 한신이 매복시켜둔 군사는 조나라의 성채를 점령한다. 이렇게 해서 이 전쟁은 한신의 승리로 끝.

이렇듯 배수진은 오랜 원정을 거듭해 조나라보다 전력이 떨어진 한신의 전술에서 유래한 말이다. 이는 막다른 골목에 몰린 상태에서 사생결단의 정신으로 싸움에 임하는 것을 뜻하는 말. 등 뒤에 강물이 흐르니 싸움에 져서 죽든 강물에 빠져 죽든 죽는 것은 마찬가지 상황인지라 배수진을 친 한신의 병사들은 죽기 아니면 살기로 싸움에 임한 것이다. 이것은 상대의 허를 찌르고 부하들의 심리를 이용한 한신의 지략이 돋보인 싸움이었으니 전쟁이란 실은 칼로 싸우는 것이 아닌 머리로 싸우는 것. 인생이란 전장도 그렇지 않을까?

사실상 배수진을 치고 일에 박차를 가하면 못 이길 싸움은 없다. 승패를 좌우하는 것은 강한 체력에 우선하는 정신무장이니까. 그럼 여기서 '박차를 가하다'는 말의 박차란? 말을 탈 때 구두 뒤축에 달아 뒤로 뻗치게 하는 쇠로 만든 물건이 박차. 박차의 끝에 달린 톱니바퀴로 말의 배를 차서 빨리 달리게 하는 데 이용한다. '박차를 가하다'는 말은 '주마가편(走馬加鞭)'과 같은 뜻. 달리는 말에 채찍질을 가해 더 빨리 달리도록 하는 것과 같이 일이 빨리 성사되도록 열의를 더하는 것을 뜻한다.

배수진을 치고 죽음을 각오한 투지를 발휘한다면 '나'의 가능성은 어디까지일까?

결정적 한방이 필요할 때는 스스로 배수진을 치고 일에 임하라!

눈동자 색에
감정을 싣다

중국 위진 시대에 썩은 세상을 버리고 은둔했던 일곱 성현을 일컫는 '죽림칠현' 중 완적이라는 사람이 있었는데 그가 어느 날 모친상을 당했다. 상주였던 그는 빈소를 찾는 문상객들에게 평소 자신의 감정을 드러냈으니, 그것이 바로 '눈동자 색 바꾸기'. 평소 예절 바르고 올바른 사람이라 여겼던 사람은 청안(靑眼) 즉 검정 눈동자로 보고, 권력에 빌붙어 호가호위하던 친구들은 백안(白眼) 즉 흰 눈동자로 흘겨보았던 것. '남을 업신여기거나 무시하는 태도로 흘겨본다'는 뜻의 '백안시'는 여기서 유래했다. 싫은 사람을 흘겨볼 때는 눈의 검은 눈동자보다 흰자위가 더 많이 보이게 되는 것이다.

반대로 '청안시'는 '따뜻하고 친근한 마음으로 상대를 바라본다'는 뜻. 행동이 올바르고 생각이 곧은 사람을 쳐다볼 때 눈동자의 눈빛이 빛나는 것을 묘사한 말이다.

눈으로 상대를 평가하는 또 다른 말로 '괄목상대(刮目相對)'가 있다. 이는 삼국지에서 유래한 말로 오나라의 왕 손권이 그의 장수 여몽에게 "자네, 무술에는 능하나 학문을 너무 소홀히 하는 것 아닌가" 하고 나무라자 여몽은 이를 새겨듣고 열심히 공부했다. 후에 노숙이라는 인물이 찾아가 전과 달라진 그의 높은 식견에 놀라워하자 여몽이 말하길 "선비가 사흘을 떨어져 있다 다시 대할 때는 눈을 비비고 대하셔야 합니다"라고 했다는 것. 이것이 괄목상대다. 이 말은 이후 다른 사람의 학문이나 덕행이 크게 진보한 것을 뜻하는 말로 발전했는데 윗사람에게는 쓰지 않는 표현이다.

눈으로 분노를 표현하는 말로 '두 눈에 쌍심지를 켜다'는 말이 있다. 쌍심(雙心)지는 한 등잔에 있는 두 개의 심지를 말하는 것. 심지가 두 개나 있는 등잔이니 불을 붙이면 보통 등잔보다 배는 밝고 뜨겁다. 이 말은 두 눈에서 불이 활활 타오를 만큼 몹시 화가 나 있거나 누군가에게서 어떤 잘못을 찾아내려고 눈을 부릅뜨고 샅샅이 살펴볼 때 쓰는 말이다. 그런데 눈에 쌍심지를 켤 정도의 감정은 다분히 감정과잉인 것. 넘치는 감정은 상대에게 도달하기 전에 내 몸과 마음을 먼저 상하게 할 뿐.

나보다 조건이 못한 사람을 무조건 백안시하는 습관은 당연히 고쳐 마땅하지 않은가.

천리를 달리는 뛰어난 안목

말 그대로의 뜻은 천리 밖을 보는 눈. 먼 곳까지 내다보는 안목을 가진 사람을 일컬어 '천리안을 가졌다'고 한다. 이 말은 위나라 양일이라는 사람 이야기에서 나온다. 백성을 지극히 사랑했던 양일은 부하를 시켜서 끊임없이 정보를 모아 백성들의 안위를 살폈다는데, 그가 백성들 형편이라면 먼 곳의 일까지 속속들이 잘 알고 있는 것을 보고 사람들이 양일은 천리안을 가졌다고 말했다고. 양일은 백성들 실상을 제대로 보는 천리안을 가진 진짜 정치가였던 것이다.

심리학에서는 어떤 사건이나 일에 관해 추리가 아닌 '특별함'으로 지식을 갖는 능력을 '천리안'이라 한다. 초심리학에서는 이를 투시라고 하는데 이는 사람 마음을 읽는 텔레파시나 미래의 일을 아는 예지와는 구별되는 것.

불교에서는 수행으로 얻을 수 있는 다섯 가지 신통한 능력이 있는데 그중 천안통이란 것이 있다. 세상의 모든 것을 멀고 가까움에 상관없이 볼 수 있는 능력인 것. 나머지는 신족통 즉 마음대로 몸을 바꿔 생각하는 곳이면 어느 곳이든지 다닐 수 있는 능력, 천이통 즉 세상 모든 소리를 남김없이 들을 수 있는 능력, 타심통 즉 다른 사람의 마음을 관찰해 아는 능력, 숙명통 즉 자신과 다른 사람의 전생을 두루 알 수 있는 능력. 그러나 굳이 이러한 능력을 배우려 하는 것도, 이러한 능력이 있음을 뽐내는 것도 계율로 금하고 있다.

아무튼 천리안을 가졌다는 것은 용빼는 재주를 타고났다는 말. 여기서 '용빼는 재주'란? 이때의 '용'은 새로 돋은 사슴의 연한 뿔을 가리키는 녹용의 준말이다. 살아 있는 사슴의 머리에서 이 녹용을 뺄 때는 그야말로 날랜 솜씨와 오묘한 방법이 동원되어야 하는데 그런 기술이 바로 '용빼는 재주'인 것.

이 말은 남다르게 큰 힘을 쓰거나 큰 재주를 지니고 있음을 가리키는 말이다. 실제 신통력으로서 천리안을 갖는다는 것은 불가능한 일이겠지만 지혜로운 자는 어리석은 자보다 매사를 넓고 깊고 멀리 보는 것만큼은 사실. 이게 현실적인 천리안 아닐까?

천리안으로 보면 모든 진실을 알 수 있잖아. 그런 진실의 눈이 가장 필요한 사람은?

거침없는 진격,
그 맹렬한 기세

'파죽지세'로 나아간다 하면 세력이 강대해 감히 대적할 상대가 없음을 뜻하는 말이다. 진나라의 장군 두예가 출병 명령을 받아 20만 대군을 거느리고 오나라를 쳐서 삼국시대 막을 내리고 천하통일을 이룰 때의 일에서 유래한 말.

두예가 휘하 장수들과 오나라를 일격에 공략할 마지막 작전회의를 열었을 때 한 장수가 건의하길 "곧 강물이 범람할 시기이고 또 언제 전염병이 발생할지 모르니 일단 후퇴했다가 겨울에 다시 공격하는 것이 어떻겠소?" 했다는데, 이에 두예는 단호히 명령조로 대답했다. "지금 우리 군사들 사기는 하늘을 찌를 듯 높다. 그것은 마치 '대나무를 쪼갤 때의 맹렬한 기세'와 같은 것. 대나무란 일단 틈만 벌어지기만 하면 그다음부터는 칼날을 대기만 해도 저절로 쪼개지는 법인데, 어찌 이런 절호의 기회를 놓칠 수 있단 말이오."

두예는 이 파죽지세로 몰아쳐 단숨에 오나라를 물리쳤다 하니, 이 대나무 쪼개는 기세는 대단한 힘이었던 것. 대나무는 실로 매우 빨리 자라는 식물 중 하나로, 이 대나무의 싹을 일컬어 죽순이라 하는데, 죽순은 비온 뒤에 땅 여기저기에서 거의 동시에 터져나오기 때문에 '어떤 일이 한때에 많이 일어나는 것'을 '우후죽순(雨後竹筍)'이라고도 한다.

그럼 이 엄청난 파죽지세의 기세와 정반대의 말은 무엇일까? 바로 지리멸렬. 옛날에 도살의 명수 '지리'라는 사람이 있었으니, 그의 손에 짐승을 맡기면 원래 형체를 알아볼 수 없게 이리저리 찢기어 해체된다는 뜻에서 '지리'라는 말이 유래되었다고도 하고 '지리'는 《장자》에 나오는 지체장애인으로 몸이 마음을 따라주지 않는 데서 '지리'라는 표현이 나왔다고도 한다. '멸렬'이라는 말도 장자가 쓴 말. 그는 통치자에게 "백성을 다스리는 데 멸렬하지 말라"고 했으니, 여기서 멸렬의 뜻은 우직하고 경솔하고 말과 행동이 겉돈다는 것. 이 두 말이 합쳐진 '지리멸렬'은 어떤 일이 갈피를 잡을 수 없도록 어수선하게 엉켜 제대로 풀리지 않고 지지부진할 때 사용하는 말이다.

그렇다면 파죽지세와 지리멸렬, 우리들 삶의 행군은 어느 쪽이어야 할까?

빛나는 한 줄 어휘

어떤 일이든 파죽지세로 헤쳐가기 위해서는 일단 목표가 뚜렷해야 하는 법.

미약하고 허술한 임시 대책

실로 꿰매는 방책이란 뜻의 미봉책, 이것은 춘추전국시대 작전 전략이었다. 이때의 작전명은 어려지진(魚麗之陣). 주나라 환왕은 명목뿐인 주 왕실의 권위를 회복하기 위해 당시 한창 기세를 올리던 정나라의 장공을 토벌하기로 하고 장공의 심기를 건드린다. 이에 화가 난 장공이 주나라 왕실에 대한 조공을 중지하자 이를 구실로 속국 네 나라 군대를 동원해 정나라로 진격한다. 환왕의 기습에 장공 역시 굽힘없이 맞섰으니 이때 장공이 쓴 전략이 바로 어려지진이다.

어려지진은 물고기가 늘어서듯 전차와 보병이 일렬로 서는 진법을 말하는 것. 먼저 전차를 앞세우고 뒤에다 보병의 대오를 세운다. 그리고 이 보병의 대오가 전차 사이를 마치 실로 꿰매듯 이어주는데 이것이 미봉책이다. 여기서 미봉책은 부족한 점을 일시적으로 보완해 조금의 빈틈도 허락지 않는 전투 포석인 것. 이로써 장공은 이름을 천하에 떨치고 미봉책이란 말은 역사에 등극하는데, 오늘날에는 미봉책의 뜻이 변질되어 아랫돌 빼어 윗돌 막는 식의 임시변통 입막음용 꾀라는 뜻이 되었다.

미봉책과 비슷한 의미를 갖는 말로 대증요법이란 것이 있다. 이는 어떤 질환의 환자를 치료하는 데 있어서 원인이 아닌 증세에 대해서만 실시하는 치료법이다. 표면적인 통증만 없애주는 것. 예를 들어 폐결핵으로 열이 있는 환자에게 해열제를 투여하는 등 겉으로 드러난 증세로 인한 고통만 없애주는 치료법이다. 이에 비해 원인요법은 대증요법과 달리 수술과 같이 원인을 완전히 제거하는 치료법인데, 사실상 원인요법이 없는 질환에는 대증요법을 쓸 수밖에 없다.

또한 미봉책과 비슷한 느낌을 주는 말이 '꿩 대신 닭'. 옛날에는 떡국 끓일 때 꿩고기로 국물을 우려냈다고 하는데 꿩은 사냥을 해야 얻을 수 있는 것으로 쉽게 구할 수 없는 고기였다. 때문에 꿩을 못 구한 집에서는 대신 집에서 기르던 닭을 잡아 국물을 우려내 떡국을 끓였다고 하며 여기에서 나온 말이 '꿩 대신 닭'인 것. 적당한 사람이나 물건이 없을 때 그만은 못하지만 그와 비슷한 걸 가리킨다.

계속해서 미봉책만 쓰다보면 결국엔 어떻게도 손쓸 수 없는 상황이 오고 만다니까.

'나'를 궁지에 몰아넣는 '나'

내가 한 행동이 결국 나 자신에게 불리한 결과를 가져오게 됨을 비유적으로 이르는 말인 자충수. 자충수를 둔다는 것은 마치 운동경기에서 자살골을 넣는 것과 같다. 자기 무덤을 자기가 판 격. 이 말과 비슷한 맥락을 갖는 표현이 바로 모순(矛盾). 말이나 행동의 앞뒤가 맞지 않음을 일컫는 이 말은 초나라 상인에게서 유래한 것이다.

초나라에 창과 방패를 파는 상인이 있었는데 자신의 물건을 자랑한다는 것이 "이 창으로 말할 것 같으면 너무도 예리해 세상에 뚫지 못할 방패가 없으며 또한 이 방패로 말할 것 같으면 세상 어떤 창이나 칼로도 뚫을 수 없습니다"라고 말했으니, 이 말 듣고 있던 사람이 당연히 묻기를, "그렇다면 자네 창으로 자네 방패를 찌르면 어떻게 되는가?" 했다는 것이다. 이에 상인이 무슨 말을 할 수 있었겠는가? 자충수를 둔 셈, 찍소리 못했다는데, 여기서 모순이 생긴 것이다. 사실상 자랑이랑 한도 끝도 없이 늘어놓는 것이 제 맛인 것. 축구선수라면 "우리 팀에는 어떤 경우에도 골을 넣을 수 있는 공격수가 있고 모든 슛을 다 막는 골키퍼가 있어"라고 자랑하지 않을까? 이럴 땐 그 공격수가 공을 차고 그 골키퍼가 막으면 어떻게 되는 건지가 궁금할 뿐.

여기서 '자충수'는 '수'라는 말에서 알 수 있듯 바둑용어다. 그런데 알고 보면 실생활에서 쓰이는 바둑용어는 의외로 많다. 어떤 일을 시작하다는 뜻의 '착수'는 바둑돌을 바둑판에 번갈아 한 수씩 두는 것을 말하며, 앞날을 위해 미리 손을 써 준비함을 뜻하는 '포석'은 바둑에서 중반전 싸움이나 집 차지에 유리하도록 초반에 돌을 벌여 놓는 일을 말하는 것. 그리고 어수룩해 이용하기 좋은 사람을 비유적으로 이르는 말인 '호구'는 바둑에서 바둑돌 석 점이 둘러싸고 한 쪽만이 트인 그 속을 뜻하며, 어떤 일이 시간상 급박한 상태를 비유적으로 이르는 말인 '초읽기'는 바둑에서 기록을 맡아보는 사람이 둘 차례가 된 기사의 제한시간이 5분이나 10분밖에 남지 않았을 때부터 시간이 흐르는 것을 초 단위로 알려주는 일을 뜻한다. 세상이 흡사 바둑판 속 같지 않은가.

그녀의 돌출행동은 자충수일까, 아니면 누구도 예상 못한 신의 한수일까?

지나친 아름다움은 위험하다?

"아름다운 여인 있으니 / 한 번 보면 성을 기울게 하고 / 두 번 보면 나라를 위태롭게 하네." 이것은 한무제(漢武帝)의 음악담당이었던 이연년이란 사람이 자기 동생이 이러한 절세 미인이라고 자랑하며 한무제 앞에서 부른 노래 구절이다.

이미 나이도 쉰 고개를 넘어 사랑하는 여인도 없이 쓸쓸하게 노래나 듣고 있던 한무제는 당연히 "그 여인을 당장 불러들이라" 하고, 이내 달려온 그녀는 아름다운 자태와 날아갈 듯한 춤솜씨를 선보이며 한무제의 마음을 완전히 사로잡는다. 이 여인이 바로 무제의 만년에 총애를 독차지했던 이부인(李夫人). 자신의 아름다움에 대한 자부심이 강했던 그녀는 병들었을 때 무제가 문병 와서 얼굴 보기를 청했을 때도 초췌한 얼굴을 보이기 싫다며 끝내 얼굴을 들지 않았다 한다.

여기서 '나라를 위태롭게 하는' 미모 '경국지색'이 탄생한 것. 물론 이부인은 실제로 나라를 위태롭게 하지는 않았다. 실제 나라를 위태롭게 한 미모로 가장 유명한 여인은 양귀비. 서시, 왕소군, 초선과 더불어 중국 4대미인 중 한 사람으로 꼽히는 양귀비는 이름부터가 중독성 강한 아편 꽃인 것. 치명적 미모의 소유자였던 양귀비는 총명하기까지 해 현종의 마음을 사로잡아 황후 이상의 권세를 누렸으나 '화무십일홍 권불십년(花無十日紅 權不十年, 꽃은 열흘 붉은 것이 없고 권세는 10년을 가지 못한다)'이라고 그 권세도 오래가지는 못하고 허무한 죽음을 맞게 된다.

그래서 미인박명이라던가? 아름다운 여자는 운명이 기구하거나 수명이 짧은 경우가 많음을 일컫는 말 미인박명 혹은 가인박명(佳人薄命). 이는 시인 소동파가 아름다운 여스님을 보고 감탄하며 읊조린 시에서 유래한 말이라고 하는데, 아름다움이 지나치거나 재주가 뛰어난 사람의 인생은 아무래도 순탄치는 않은 듯.

그런데 미인이 나라를 망하게 한다는 이 말은 지극히 남성 중심적 사고에서 비롯된 것임은 명약관화(明若觀火)한 것. 아름다움에 대한 시대착오적인 찬사인 것이다.

나라를 뒤흔들 미모? 결국 미인 앞에 무너지는 남자의 허약한 심리상태를 이르는 말?

새로운 세상을 열어젖히다

'천황'이란 천지가 아직 열리지 않은 때의 혼돈 상태, 파천황은 이것을 깨뜨려 새로운 세상을 만든다는 뜻. 지금껏 아무도 생각지 못했던 놀랄 만한 일을 성취함을 말한다. 당나라 과거제도에 얽힌 이야기에서 나온 말이다. 당나라 때 형주는 글공부하는 사람들이 많이 모이는 곳으로 매년 관리등용시험에 응시하는 인물이 넘쳤으나 의외로 합격자가 없어 사람들은 형주를 '천황'의 땅이라고 불렀다. 그런데 유세라는 인물이 등장해 처음으로 합격하자 사람들은 천황을 깬 자가 나왔다며 유세를 가리켜 '파천황'이라고 일컬었다는데, '미증유'의 뜻을 갖는 파천황은 바로 이 이야기에서서 비롯된 것이다.

그럼 '미증유(未曾有)'는 어디서 나온 말일까? 이것은 불교 경전에서 나온 말이다. 붓다의 공덕을 찬탄하거나 신비하고 불가사의한 일을 말할 때 자주 사용되는 말로서 미상유(未嘗有)라고도 하는데, 이 말은 이전에는 한 번도 일어나지 않았던 매우 놀라운 사건이나 일을 묘사하는 데 사용되어 '미증유의 참사' 식으로 표현한다.

'파천황'이든 '미증유'든 이 말은 참으로 심상치 않은 일이 생겼음을 나타내는 것인데, 여기서 '심상치 않다'는 말은? 심상(尋常)은 고대 중국의 길이를 나타내는 단위다. 심(尋)은 8자 길이를 뜻하며, 상(常)은 16자를 뜻하는 것. 우후죽순처럼 수많은 나라들이 각축전을 벌이던 중국 춘추전국시대에 각 나라 제후들은 얼마 되지 않는 '심상의 땅'을 두고 다퉜다고 한다. 평수로 따지면 한 평 남짓한 땅을 빼앗기 위해 서로 죽일 듯 싸웠다는 것. 심상은 실로 아주 작은 규모를 뜻한다. 이렇듯 짧은 길이를 가리키는 말이었던 심상은 곧 작고 보잘것없는 것을 가리키는 말에 비견되기도 했으니 심상이 짧은 길이를 나타내는 본래 뜻보다는 보잘것없고 별 대수롭지 않은 것을 가리키는 말로 널리 쓰이기 시작하면서 '심상치 않다'란 말이 생겨난 것이다. '대수롭게 여길 일이 아니다'라는 뜻을 갖게 된 심상치 않음은 분명 새로운 세상을 열어젖히는 파천황의 사건이 일어날 조짐을 가리키는 것.

파천황의 기운으로 시작했던 일인데, 이렇게 쉽게 허물어지다니 믿을 수가 없군.

이보다 더 좋을 수 없다

비단 위에 꽃을 더한다는 말 금상첨화. 좋은 것 위에 더욱 좋은 것을 더하니 어찌 이보다 더 좋을 수 있을까. 이 말은 당송 8대 문장가의 한 사람인 왕안석이라는 시인의 시에 나오는 말. "좋은 모임에 술잔 기울여 잔의 술을 비우려 하는데 아름다운 노래는 비단 위에 꽃을 더한 듯하네." 실로 풍류를 아는 시인의 입에서 나올 법한 구절이니 한번 떠올려보자. 시인이 풍경에 취해 술잔을 기울이는데 들려오는 노랫소리는 너무나 아름다워 마치 고운 비단 위에 꽃송이가 하늘하늘 떨어지는 것 같았을 그 장면을.

그런데 이보다 더 좋을 수 없는 풍류를 지극히 '저질'로 즐기는 행태를 가리키는 표현이 있으니, 그게 바로 주지육림(酒池肉林)이다. 술이 연못을 이루고 고기가 숲을 이룬다는 뜻의 이 말은 호화롭고 사치스런 망나니 술잔치를 일컫는 것. 어느 정도였을까? 역대로 주색잡기에 빠진 여러 왕들이 이런 행태로 나라를 말아먹었는데, 은나라 주왕은 "놀이터와 별궁을 지어 많은 들짐승과 새들을 놓아 길렀으며 술로 못을 만들고 고기를 달아 숲을 만든 다음 남녀가 벌거벗고 그 사이에서 밤낮없이 술을 퍼마시며 즐겼다"고 전한다.

실로 풍류는 마음으로 즐겨야 금상첨화를 느낄 수 있는 법. 그런데 이 금상첨화와 정반대로 이보다 더 나쁠 수 없는 경우, 즉 엎친 데 덮친 격, '뒤로 자빠져도 코가 깨지는' 불운을 일컫는 표현이 설상가상(雪上加霜). 내린 눈 위에 다시 서리가 내려 쌓인다는 뜻으로 어려운 일이 거듭해 일어남을 비유한 것이다. 하지만 원래 이 말은 '쓸데없는 참견이나 중복'이라는 비유였다. 눈 위에 내린 서리는 별 영향을 미치는 것이 아니므로 그저 불필요한 중복의 의미였던 것이 확장되어 지금의 불운이 된 것이다.

이러한 설상가상 상황에서는 모든 것이 그야말로 쑥밭이 되는 경우가 많은데 여기서 '쑥밭이 되다'는 말은? 집이 있던 자리에 집은 없어지고 쑥만 무성하게 자라 옛날 자취를 찾아볼 길이 없음을 나타내는 말. 쑥은 키가 크기 때문에 다른 잡초보다 더 무성하게 자란다. 이로써 한때의 영화나 번영은 사라지고 초라하고 볼품없게 되었다는 뜻.

오늘 소개팅하는데 이것저것 금상첨화면 좋겠지만 그보다 설상가상만 아니길 바랄 뿐이야.

완결을 향한 결정적 한 방

용 그림에 눈동자를 찍다? 화룡점정은 사물의 핵심을 나타낼 때 또는 어떤 일의 마무리를 할 때 쓰는 말로, 가장 중요한 부분을 마쳐 일을 끝냈음을 이르는 말이다.

때는 남북조시대 양나라, 안락사라는 절의 주지스님이 장승요라는 화가에게 불당 벽에 용을 그려달라고 부탁했다. 이에 화가는 사방 벽면에 휘황찬란한 용을 그렸는데 그 비상할 듯한 생명력에는 모두가 절로 감탄을 흘렸을 정도였다. 그런데 이상하게도 용의 눈에 눈동자가 없었으니 사람들이 이유를 묻자 장승요는 이렇게 말했다. "눈동자를 그려넣으면 용이 벽을 뚫고 날아오를 것이기 때문이오." 하지만 누가 그 말을 믿을까? 잠시 침묵하던 화가는 뭔가 보여주고자 작정한 듯 붓을 들어 용 한 마리의 눈에 점을 찍었다. 그러자 천둥 번개가 치더니 용이 벽을 깨고 하늘로 올라갔다는 이야기.

어떤 일이 총체적으로는 잘되었는데 어딘가 한 군데 부족해 보일 때 '화룡에 점정이 빠졌다'고도 한다. 이렇듯 결정적으로 눈동자에

점을 찍는 것 말고도 일상에서 '어떻게 될 것이라고 마음속으로 정하다'라는 뜻에서 '점을 찍다'는 표현을 자주 쓰는데 이는 옛날 임금이 벼슬 후보를 고르던 일에서 나온 말이다. 관원을 선임할 때는 '삼망(三望)'이라고 해서 세 명의 후보를 먼저 천거하고 이 가운데 한 사람 이름 위에 임금이 친히 점을 찍어 뽑았는데 이를 '낙점(落點)'이라고 했던 것. 이로부터 임금이 낙점을 하듯 자기 마음에 드는 대상을 고르는 것을 '점을 찍는다'고 하게 된 것이다.

사실상 용은 실재하지 않는 상상의 동물이라 그 위엄이 더욱 큰 셈인데, 용과 관련되어 가장 자주 사용되는 표현은 아마도 '용두사미(龍頭蛇尾)' 아닐는지. '용머리에 뱀꼬리'라는 이 말은 시작은 창대하나 뒤로 갈수록 보잘것없어짐을 나타내는 말. 실재하는 동물 뱀은 여기서 치욕의 순간을 맞는데, '사족(蛇足)'에 가서는 한심한 이미지까지 얻게 된다. '뱀발'을 뜻하는 사족은 하지 않아도 될 쓸데없는 일을 덧붙여 하다가 도리어 일을 그르침을 이르는 말이다. 사족과 화룡점정은 극과 극의 표현인 것.

희망의 화룡점정을 찍어봐. 꿈을 향해 비상할 수 있는 날개를 얻을 테니.

소문으로 무엇인들 못 만들어내리!

세 사람만 우기면 없는 호랑이도 만든다는 말이 있다. 바로 '삼인성호(三人成虎)'. 여러 사람이 하는 거짓말은 왠지 거짓말이 아닌 참말일 것 같은 일종의 머릿속 착시현상을 일컫는 말이다.

전국시대 위나라 방공이 태자와 함께 조나라에 볼모로 가기 전 왕을 찾아가 말했다. "지금 어떤 사람이 시장에 호랑이가 나타났다고 한다면 믿으시겠습니까?" "믿지 못하겠소. 시장에 어찌 호랑이가 나타난단 말이오?" "그럼 두 사람이 찾아와 그렇다고 하면 믿으시겠습니까?" 왕은 여전히 고개를 저었다. "그럼 세 사람이 찾아와 말하면 믿으시겠습니까?" 이때 왕의 대답인즉 "그렇다면 믿을 것 같소." 이에 방공이 말하길 "시장에 호랑이가 나타날 수 없다는 것은 모두 아는 사실이지만 이 또한 세 사람이 말한다면 믿게 됩니다. 제가 조나라에 가면 저를 모함하는 사람이 많을 것입니다. 그러니 임금께서는 이를 살펴주십시오." 그러고 방공은 태자와 함께 조나라로 떠났는데 곧바로 많은 신하들이 방공을 모함하기 시작했다. 그러자 결국 왕은 방공을 의심했고 이로써 방공은 위나라로 돌아오지 못했다는 이야기.

이렇듯 천성이 귀가 얇은 사람들을 노리고 여러 사람의 생각, 대중의 뜻을 위장해 의도적으로 조작된 정보는 그동안 얼마나 많았던 걸까? 삼인성호는 선동정치가가 특정한 문제에 대해 정치적인 의도로 유포시키는 허위선전을 일컫는 데마고기(demagogy)와 일맥상통한다. 데마고기는 대중의 의식을 조작하기 위해 고의성을 갖고 유포시키는 허위정보를 뜻하는 말로 이는 매스미디어를 통해 전달되기도 하는데, 이에 비해 아무 근거 없이 널리 퍼진 소문을 뜻하는 유언비어는 일반 대중 속에서 자연발생적으로 생겨나 사람들의 입을 통해 퍼져나가는 정보를 뜻한다.

유언비어는 소통능력이 떨어지는 사회, 일방적 커뮤니케이션만 존재하는 사회에서 생겨나기 쉬운 것으로 사실상 그것은 완전한 허위정보인 경우도 있지만 때론 의외의 정확성을 갖는 경우도 있다. 사실이든 아니든 유언비어의 문제점은 사람들을 집단적으로 불안하게 만든다는 것이다. 유언비어 많은 세상 불안한 세상!

빛나는 한 줄 어휘

유언비어 날포죄로 처벌받는다 하더라도 난 내가 믿는 진실을 널리 알리겠어.

의리에 살고
의리에 죽다

사람들은 왜 맹세를 하고 다짐을 할까? 서로에 대한 믿음을 확인함으로써 안도감을 가질 수 있고 스스로를 격려할 수 있기 때문이다. 이때 맹세의 모범이 되는 것이 도원결의다. 이것은 나관중의 소설 《삼국지연의》에서 유비, 관우, 장비 세 인물이 복숭아밭에서 의형제를 맺은 데서 비롯된 말로, 뜻이 맞는 사람끼리 하나의 목적을 이루기 위해 행동을 같이할 것을 약속한다는 뜻.

중국 역사를 보면 전한은 외척 때문에 망했고 후한은 환관 때문에 망했다고 한다. 그러나 후한을 멸망시킨 직접적인 원인은 황건적의 난이었다. 누런 수건을 머리에 두른 황건적은 국정에 불만을 가진 백성들의 지지를 받으며 세력을 일취월장 확장시키고 있었으니 황건적을 진압하기 위해 정부에서는 각 지방 장관에게 의용병을 모집하라고 지시를 내렸다. 이 의용군 모집 안내문을 읽은 유비와 장비, 관우 세 사람은 의기투합해 유비의 집 후원 복숭아나무 아래에서 형제의 의를 맺고 힘을 합쳐 천하를 위해 일하기로 맹세했으니 그 다짐은 이렇다. "우리 세 사람은 다른 해 다른 날 태어났으나 같은 해 같은 날 죽을 것을 맹세하나니 우리 중 의리를 배반한 자는 하늘과 사람이 함께 죽여주소서."

삼국지에서 도원결의를 책 첫머리에 넣은 것은 이들의 정당한 의리를 부각시키고자 한 것. 그 후 이 말은 세 사람 이상이 사사로운 욕심이나 야망을 앞세우지 않고 몸과 마음을 어떤 의미 있는 목적을 향해 같이하기로 결심했을 때 이를 가리키는 말로 쓰이게 되었다.

도원결의의 주인공이자 삼국지의 영웅 유비, 장비, 관우는 사실상 실력 면에서 자웅을 겨루는 사이였다. 그럼 여기서 '자웅을 겨루다'는 말의 유래는? 흔히 수컷과 암컷을 가리키는 말로 알고 있는 자웅(雌雄)은 본래는 밤과 낮을 가리키는 말. 낮과 밤이 서로 번갈아 가면서 세상을 자기 것으로 만드는 것에 비유해서 일진일퇴를 거듭하는 양상을 나타낸 것으로 막상막하의 비등한 힘을 가진 상대끼리 승부를 겨루는 것을 가리킨다.

유비 등 자웅을 겨루는 인물이 한 뜻으로 뭉쳤으니 그 힘은 나라를 구하고도 남는 것 아니었겠나.

우리도 도원결의 한번 해볼까? 미쳐야 미치는 세상인데 각오부터 빛이 나야 하는 것 아니겠어?

말과 행동, 그 사이의 너무 먼 거리

장자와 혜시 두 사람이 산책에 나섰다. 호숫가 다리 위에서 장자는 물고기 한 마리가 자유롭게 헤엄치는 것을 보고 말한다. "혜시, 저 물고기 좀 보게, 아주 기분이 좋은가보오." 그러자 혜시가 말하길 "자넨 물고기도 아니면서 어찌 물고기가 기분 좋은 줄 아는가?" 이에 장자 말하길 "아니 그럼 자넨 내가 아니면서 어찌 물고기가 기분 좋은 것을 내가 모를 거라는 것을 안단 말인가?" 혜시 왈 "물론 나는 자네가 아니니까 자네 생각을 알 수는 없지. 하지만 자네 역시 물고기가 아니니 물고기 기분을 알 수 없는 것 아닌가?" 이에 장자가 결론적으로 말한다. "방금 자네가 물고기가 기분 좋은지 내가 어떻게 아냐고 물은 것은 내가 물고기가 기분 좋다는 것을 알고 있다는 것을 자네도 벌써 알고 있다는 것 아닌가? 내가 어떻게 그걸 알았겠나? 이 다리 위에서 보니 물고기가 이리저리 헤엄치는 모양을 보고 그리 생각한 거지."

여기서 혜시가 한 말에 자가당착 요소가 있는 것이다. 자가당착이란 같은 사람의 말이나 행동이 앞뒤가 서로 맞지 아니하고 모순됨을 가리키는 말.

그럼 혜시의 자가당착을 끄집어내보자. 혜시의 논조는 그 사물이 아니면 그 감정을 알 수 없다는 것이다. 그러니까 당사자가 아니면 당사자의 감정을 알 수 없다. 장자는 당사자인 물고기가 아니다. 따라서 장자는 물고기의 감정을 알 수 없다. 그런데 여기서 혜시는 장자가 물고기 감정을 알 수 없다는 것을 나는 알 수 있다고 확신하는 모순을 범한 것이다. 이것이 자가당착인 것.

이 이야기는 자가당착을 설명하려는 것은 아니고 만물일체 경지에 들어서면 대상과 나 사이의 경계가 사라지고 자유자재한 상태를 얻게 됨을 말하고자 하는 것.

그런데 자가당착이란 철학적 사유나 논리학에서 참으로 미묘한 파장을 일으키는 개념이다. 예를 들어 '모든 것은 상대적이다'라는 상대주의 정의는 사실상 불가능한 것. '모든 것은 상대적이다'라는 명제가 옳은 것이라면 바로 그 명제로 인해 상대주의를 정의한 명제는 상대적 타당성밖에 가지지 못하기 때문이다. 자가당착의 오류는 학문에의 열정 속에서 부딪칠 수밖에 없는 지적 돌멩이 같은 것 아닐는지.

자가당착도 유분수지, 동물보호 외치면서 어떻게 늘 모피코트만 입고 다니느냐고.

급소를 찌르는 날카로운 한마디

한 치의 쇠붙이로 살인한다는 뜻의 촌철살인. '촌(寸)'이란 보통 성인남자 손가락 한 마디 길이를 말하며 '철(鐵)'은 쇠로 만든 무기를 뜻하는 것. 따라서 '촌철'이란 한 치도 못 되는 무기를 의미한다. 촌철살인이란 날카로운 경구로 상대편의 급소를 찌름을 비유하는 말인데 이것은 원래 불교 수행법의 하나인 '선(禪)'에 대한 비유다.

유명한 스님인 대혜선사가 선에 대해 말하길, "어떤 사람이 한 수레의 무기를 싣고 왔다고 해서 사람을 죽일 수 있는 것이 아니다. 나는 한 치도 안 되는 칼만 있어도 곧 사람을 죽일 수 있다"고 했던 것. 이것은 선의 요체를 드러낸 말로 여기서의 살인은 진짜 죽임이 아닌 자기 마음속의 번뇌를 없애는 것을 의미한다. 수행이 낮은 사람은 번뇌를 없애기 위해 이런저런 방법을 강구하겠지만 모두 쓸데없는 수작일 뿐. 고도의 집중을 통할 때만 충격적으로 번뜩이는 것이 생기며 이것이야말로 큰 깨달음을 가져온다는 것이다.

오늘날 간단한 한 마디 말과 글로 상대편의 허를 찔러 당황하게 만들거나 감동시키는 그런 경우를 가리켜 '촌철살인'이라고 하는데, 이 촌철살인의 대표적인 것이 깊은 체험적 진리를 간결하고 압축된 형식으로 나타낸 아포리즘 즉 잠언이나 경구 같은 것이다. 그렇다면 세상에서 가장 오래된 촌철살인 한마디는 무엇일까? 바로 히포크라테스의 이 말, '예술은 길고 인생은 짧다.' 그리고 소크라테스의 '너 자신을 알라', 파스칼의 '인간은 생각하는 갈대'라는 말도 만만찮은 것.

이러한 촌철살인 한마디는 실로 내뱉는 쪽이나 받는 쪽 어느 한쪽에겐 알토란같은 자산이 되는 것인데, 여기서 '알토란같다'는 말은? 막 흙에서 파낸 지저분한 토란에 묻은 흙을 털어내고 잔뿌리를 다듬어 깨끗하게 한 토란을 알토란이라고 한다. 그렇게 가다듬은 토란은 흙에서 막 캐냈을 때보다 훨씬 더 보기 좋고 먹음직스러울 것은 당연한 이치. '알토란같다'는 말은 부실한 데 없이 옹골차고 단단하다는 뜻 또는 살림살이를 규모 있고 알뜰하게 한다는 뜻이다.

이렇게 심각하고 무거운 상황에서는 분위기를 바꾸는 촌철살인 유머가 딱 필요한데.

꿈을 향해 두려움 없이 나아가라

백 자나 되는 장대 끝을 뜻하는 백척간두. 매우 위태롭고 어려운 지경을 뜻한다. '백척간두에 서다' 하면 막다른 위험에 놓이게 된 상황. 그런데 이 막다른 절벽에서 한 걸음 더 내디디라는 말이 '백척간두진일보'다. 노력한 위에 한층 더 노력하는 상태 또는 마음가짐을 뜻하는 이 말은 어떤 목적이나 경지에 도달했다 하더라도 거기서 멈추지 말고 더욱 노력해야 함을 당부하는 말. 이는 불교서적인 《경덕전등록》에 나오는 말로, 수행할 때는 자신의 나태함을 극복하기 위해 스스로를 극한상태에 올려놓고 정신의 긴장을 늦추지 말라는 뜻으로 쓰인 것이다.

사실상 백척간두와 같은 위기상황에서도 마음먹기에 따라 일의 해결이 쉬울 수도 어려울 수도 있음을 깨닫게 하는 재미있는 일화가 있다. 불교의 고승 경허선사에 관련된 이야기인데, 경허선사가 제자 만공을 데리고 탁발을 나갔다 돌아오는 길. 해는 어느새 꼴딱 져버리고 갈 길은 멀고 하다 보니 짊어진 바랑에 쌀이 가득해 몹시도 무거웠던 어린 만공은 온몸이 천근만근인지라 그저 땅바닥에 털썩 주저앉고 싶은 심정에 투덜투덜 걷고 있었다.

두 사람이 가파른 고갯길을 오르려는데 마침 젊은 부부가 밭일을 마치고 집으로 돌아가는 것이 보였다. 그런데 경허가 갑자기 뚜벅뚜벅 젊은 아낙 옆으로 가더니 그 아낙을 끌어안고 번개같이 입을 맞추는 것 아닌가. 놀란 아낙은 소리를 지르고 뒤따라오던 남편은 시퍼런 낫을 휘두르며 경허에게 달려드니 이제 경허는 있는 힘을 다해 도망갈 수밖에. 제자 만공도 스승과 함께 걸음아 나 살려라 하고 삼십육계 줄행랑을 쳤는데, 그렇게 정신없이 뛰다 보니 어느새 고개를 넘어 절 가까이 와 있었다.

이제 한숨 돌린 만공이 경허에게 가쁜 숨을 내쉬며 물었다. "아니 스님, 이게 도대체 무슨 짓입니까?" 그러자 경허, 이렇게 대답했다. "아직도 그 바랑이 무겁냐?"

스승의 기행은 제자의 정신을 단련시키고자 하는 배려였던 것. 이를 소박하게 해석하자면, 자신의 조건을 탓하지 않고 목적을 향해 온전히 나를 맡기고 내달리다 보면 꿈은 반드시 이루어진다는 말씀인 것.

빛나는 한 줄 어휘

백척간두에 서면 죽기 아니면 까무러치기 심정이겠지? 하지만 이때 필요한 건 오기가 아니라 진심일 거야.

지극히 자기중심적인 옹고집들

견강부회는 전혀 가당치도 않은 말이나 주장을 억지로 끌어다붙여 '나'의 생각이 옳다는 것을 주장하는 것을 비유한 말. 다른 사람들의 견해에는 아예 귀를 닫고 자기 말만 하는 사람을 가리킬 때 자주 쓰는 표현이다. 이는 '세상의 중심은 나'라는 기고만장한 사람에게서 나타나는 특성.

이와 유사한 표현에는 '아전인수(我田引水)'가 있는데 이는 제 논에 물 대기라는 뜻으로 자기에게만 이롭게 되도록 생각하거나 행동한다는 말이다. 또 돌로 양치질을 하고 흐르는 물로 베개를 삼는다는 뜻의 '수석침류(漱石枕流)'도 가당치 않게 억지를 부린다는 말. 배를 밀어 육지에 댄다는 뜻의 '추주어륙(推舟於陸)'도 역시 되지 않을 일에 억지를 쓴다는 말. '채반이 용수가 되게 우긴다'는 속담 또한 가당치도 않은 의견을 끝까지 주장한다는 말이요 '홍두깨로 소를 몬다'는 속담 역시 무리한 일을 억지로 한다는 뜻.

'말도 안 되는 말'을 뜻하는 또 다른 표현인 어불성설(語不成說)은 말이 이치에 맞지 않는다는 뜻. 말이 말로 이루어지지 않는다는 뜻이니 말에 논리가 없어 이치에 맞지 않아 말이 안 되는 것을 가리킨다. 언어도단(言語道斷)은 말할 길이 끊어졌다는 뜻으로 참으로 어이가 없어서 말하려 해도 말할 수 없음을 이르는 말. 각각의 표현이 조금씩 미묘한 의미상의 차이를 갖는다.

아무튼 견강부회처럼 억지춘양으로 자기합리화하는 일은 살면서 지양해야 할 태도인데, 여기서 '억지춘양'은 자칫 '억지춘향'으로 오해하기 쉬운 표현이다. '억지춘양'은 춘양역과 관계해서 생겨난 말로, 본래 영동선을 부설할 때 춘양을 통과하지 않기로 계획되었다가 나중에 계획이 수정되어 춘양을 경유하도록 철로가 S자로 굽어져서 생긴 데서 유래한 것이라고. 춘향이 억지로 변사또에게 수청 든 이야기와는 상관없는 '억지춘양'은 되지도 않는 논리로 우기거나 강짜를 부리는 경우를 일컫는 말.

결국 이러한 견강부회적 논리들은 여전히 지구가 우주의 중심이라는 천동설을 신봉하는 것과 마찬가지의 어리석음이다.

빛나는 한 줄 어휘

견강부회 잘하는 사람들의 특성은 교만하다는 거지. 자기말만 하고 남의 말은 안 듣거든.

세상에 고정불변하는 것은 없다

절에 가면 절의 법도에 따라 예불의식을 드리는데, 그 중 〈반야심경〉 강독은 필수적이다. '관자재보살' 어쩌고 하며 그 긴 한문문장을 남녀노소 모두 두 손 마주 대고 외우는 장면은 타 종교인이 보기에도 심상찮은 기운을 느끼게 하는데, 그 〈반야심경〉 중에 나오는 한 구절이 바로 '색즉시공공즉시색'이다. 상당히 심오한 사상을 함축한 표현인 동시에 너무도 간단한 진리이기도 한 이 말의 정체는 무엇일까?

불교에서 색(色)이란 존재, 존재한다는 뜻. 존재하는 것은 모두 색을 가지고 있지 않나. 그리고 공(空)이란 공허하다, 비어 있다는 뜻. 즉시(卽是)는 '같다'는 뜻이다. 그러므로 색즉시공은 '존재한다는 것은 비어 있는 것과 같고' 공즉시색은 '비어 있는 것은 존재한다는 것과 같다'는 말인데, 사실상 이 말뜻을 이해하기가 꽤나 어렵다는 것이 문제다. 그러니까 여기서 중요한 것은 '공(空)'. 불교란 무엇인가라고 물었을 때의 대답도 이 한마디 '공'이면 끝낼 수 있는 것이다.

이 '공'은 '무아(無我)'와 같은 맥락의 말이다. 즉 '나라고 할 만한 것은 없다'는 것. 이건 또 무슨 말일까? 데카르트는 '나는 생각한다. 고로 나는 존재한다'라고 했는데, 여기서 '나는'이라고 했을 때의 '나'란 눈을 씻고 찾아봐도 찾을 수 없다는 것이 부처님 말씀. 생각해보자. 과연 무엇이 나일까? 내 이름? 내 몸? 내 마음? 분명 고정불변하는 나란 없다. 단지 생각하는 '나'가 있고 세수하는 '나'가 있으며 공부하는 '나'가 있고 책 읽는 '나'가 있을 뿐. 그 모든 것이 모여 현재의 나를 이룰 뿐 딱히 '나는'이라고 할 만한 확고한 정체는 없다는 것이다. 이것이 또한 '공'이다.

여기서 '공'은 절대 허무하다는 개념이 아니다. '색즉시공공즉시색' 또한 집착할 필요가 없는 현상을 이르는 말로서 집착이 없으면 자유가 있고 자유가 있는 삶이 행복하다는 진리를 함축한 표현인 것. 이렇듯 불교의 심오함은 인간 사유의 쾌감을 최대한 증폭시키는 것이다.

삶을 철학적으로 인식하기 시작하면 내 감정을 차분히 성찰하는 지혜가 생기는 법.

어쩔 수 없는 것은 진짜 어쩔 수 없을까?

없는 것이 바람직하지만 사회적인 상황에서 어쩔 수 없이 요구되는 악을 필요악이라 한다.

영국 철학자 제레미 벤덤은 죄수를 효과적으로 감시할 목적으로 '판옵티콘'이란 감옥을 설계했는데, '모두 본다'는 뜻의 이 원형감옥에서 간수는 죄수들을 볼 수 있지만 죄수들은 간수를 볼 수 없다. 따라서 죄수들은 늘 감시받고 있다는 느낌 속에 행동할 수밖에 없으며 결국 자신을 스스로 감시하게 된다는 것. 이것이 조지 오웰의 소설 〈1984년〉에서는 국가 감시자인 '빅 브라더'로 발전해 인간의 공포심리를 자극하는데.

현대의 굵직한 사건 사고에서 결정적 해결사로 등장하는 것은 CCTV, 이것은 바로 현대판 빅 브라더라고 할 수 있다. 범죄 예방·해결 효과와 사생활 침해 문제를 두고 팽팽한 논란이 거듭되고 있으나 이제 대세는 CCTV를 필요악으로 간주하기에 이르렀는데.

필요악은 원래 국가 권력적 개념이다. 국가 또는 권력은 국민에게 부담을 주고 자유를 억압한다는 점에서는 악으로 볼 수 있지만 질서 유지와 통일성 확보를 위해서는 필요하다는 근대자유주의 사상의 국가관 또는 권력관이 만들어낸 신종 '악'의 개념인 것.

이러한 필요악 개념은 이제 도처에서 등장한다. 대표적으로 성매매, 체벌, 군대 등을 들 수 있는데 이것들이 필요악이라는 주장의 근거는 무엇일까? 단지 어쩔 수 없이 그 존재를 인정해야 한다는 것이 아니라 그것의 존재가 다수의 이익을 가져온다는 논리다. 이때의 필요악은 잠시의 '악'으로, 그 잠시의 '악'이 결과적으로는 '선'을 가져온다는 것. 그런데 과연 그럴까? CCTV도, 성매매, 체벌, 군대도 결과적인 '선'을 위해 어쩔 수 없이 존재해야만 하는 것일까?

어찌 보면 우리가 필요악이라 부르는 모든 것들은 실상은 '절대악'일 수도 있음을 한 번쯤 생각해보자. 어떤 사기꾼도 자신이 불필요한 악당이라고 고백하지 않으며 어떤 독재자도 자기가 불필요한 폭력을 휘둘렀다는 사실을 인정하지 않는다. 모두 스스로를 '필요악'이라고 자처할 뿐. 그렇다면 필요악이란 하나의 거대한 거짓말 아니겠는가.

제발 원전이 필요악이라는 미신을 버리자고. 그건 인류 미래를 위협하는 재앙일 뿐이라고.

사회적·지구적 인간으로 거듭나라

세상에서 가장 고귀한 습관은 '배려'다.
진실로 타인을 생각하는 마음이야말로
위대한 사랑.

우리들 안의 또 다른 우리

나도 어쩔 수 없는 '나'의 것, 즉 국적이나 생김새 등을 갖고 차별받는다는 것은 참 억울한 일이다. 흔한 말로 '다른 것과 틀린 것'은 엄정히 구분해야 할 사안 아닌가 말이다. 잘사는 나라에서 부유한 집안에 잘생긴 외모로 태어난 사람과 못사는 나라에서도 더욱 빈궁한 집안에서 못난 외모로 태어난 사람이 있다면 이 둘은 그 사실만으로 차별받는 것이 당연한 것일까? 물론 원칙적으로는 다들 아니라고 하겠지만 우리 모두 열등한 사람을 잘못된 사람으로 여기는 고정관념에 어느 정도씩은 다들 사로잡혀 있다는 것, 부인할 수 있을까?

다문화 가정 또는 다문화 가족은 서로 다른 국적, 인종, 문화를 가진 남녀가 이룬 가정이나 그런 사람들이 포함된 가정을 널리 의미한다. 그런데 대한민국은 단일 민족 국가라는 민족주의, 순혈주의가 다른 국가에 비해 상대적으로 강한 나라다. 따라서 다문화 가정은 오랜 세월 혼혈 가정, 혼혈인 등으로 불리며 소외되어왔다. 특히나 그 다른 문화가 우리보다 소득수준이 낮은 국가인 경우 언어와

피부색이 다르다는 이유만으로 그들에게 보내는 경멸과 냉소는 오래도록 심했던 것.

그러나 최근 국제결혼 빈도가 높아지면서, 그리고 하인즈 워드 등 다문화가정 출신들의 눈부신 성공 또한 부각되면서 점차적으로 그들에 대한 부정적 시각과 정서는 해소되기 시작했으니, '다문화 가정'이란 말은 국제결혼 가정에 대한 인종차별적 이미지와 그로 인해 유발되는 정서를 해소하기 위해 2003년 건강시민연대가 제안해서 현재까지 사용되고 있는 말이다.

이제 다문화 문제는 소수의 결혼 이민자들에게만 해당하는 문제가 아닌, 점차 지구촌화되어가는 세계화 물결 속에서 살아가는 우리 모두에게 주어진 새로운 삶의 조건이자 슬기롭게 풀어가야 할 과제가 됐다. 문화적으로 절대적 진리란 결코 있을 수 없는 법. 문화상대주의 시각에서 흑인, 백인, 황인종으로 대표되는 인류에 절대적인 우월이란 없다. 또한 인종에 우월이 없듯 인류 각각이 만든 문화 또한 그 문화의 우월성을 이야기하기는 어려운 일. 각자의 독특함이 있을 뿐이다.

빛나는 한 줄 어휘

다문화가정에 대한 이해와 배려를 높이는 게 바로 성숙한 문화시민의 자세인 거야.

막을 수 없는 사상과
표현의 자유

삼국유사에 '임금님 귀는 당나귀 귀'라는 우화가 있다. 신라 경문왕은 왕이 되면서부터 귀가 갑자기 당나귀 귀처럼 길어졌는데 당연히 이 사실은 국가비밀이 되었고 유일하게 이를 알고 있던 두건장이는 죽기 직전 대나무 숲을 찾아 '임금님 귀는 당나귀 귀'라고 크게 외친다. 대숲에 바람이 불 때마다 이 소리는 계속 울려퍼져 결국 모든 백성이 이 사실을 알게 되고 화가 난 왕은 대나무를 베어버렸다는 이야기. 이것은 경문왕의 권위를 깎아내리고자 후대에 지어낸 이야기로 그가 추진했던 개혁정책을 강압정치라고 비꼰 것이다.

이 우화가 말하듯 사람들이 자신의 생각을 영원히 표현하지 못하도록 하는 것은 실로 불가능한 일이다. 그런데 국가보안법이란 것은 표현의 자유는 물론이고 사상의 자유를 원천적으로 억압하는 측면이 있는 시대착오적 반인권법이라 할 수 있다.

국가보안법은 사실상 일본 제국주의 식민통치에 그 뿌리를 두고 있다. 식민지 조선을 통치하기 위해 식민지 조선인의 일거수일투족을 감시하고자 만들어낸 치안유지법을 그 모태로 볼 수 있는 것이다. 국가보안법은 1948년 제정 공포되었는데, 당시 제주 4·3사건과 여순사건에 가담한 자들을 처벌할 뚜렷한 법적 근거가 없었던지라 서둘러 만들어낸 법이다. 국가의 안전을 위태롭게 하는 반국가 활동을 규제함으로써 국가의 안전과 국민의 생존 및 자유를 확보함을 목적으로 제정된 특별형법이다. 그 후 이 법은 정부가 바뀔 때마다 끊임없이 개정되면서 폐지와 존속을 둘러싼 논란거리를 만들어왔다.

이 법의 존속을 주장하는 사람들은 국가보안법이 적국으로부터 나라를 지키는 데 반드시 필요하므로 다소의 인권침해는 불가피한 것이라고 하지만 '사상의 자유'는 자유사회의 기초인 것. 자유민주주의를 외치며 국민의 머릿속을 검열하는 국가보안법을 고집하는 것은 어불성설이다. 사실상 국가보안법은 지난 시절 독재권력을 지탱하는 가장 강력한 무기로 사용되었던 것으로 '독재' 유지와 불가분의 관계가 있다고도 할 수 있으니, '냉전'과 '독재'가 구시대의 유물이 되어야 할 21세기에 존재하기에는 참으로 안 어울리는 법인 것이다.

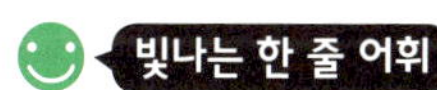
빛나는 한 줄 어휘

국보법을 둘러싼 논란을 보면 아직도 우리 사회가 낡은 이념논쟁에 묶여 있는 것 같아.

잘 먹고 잘살기, 그리고 잘 죽기

사실상 웰빙은 말 자체를 정의하기가 쉽지 않은 말이다. 21세기 들어 사람들 이목을 집중시키기 위한 만능 접두어로 활약이 눈부신 덕분. 흔히 육체적 정신적 건강의 조화를 통해 행복하고 아름다운 삶을 추구하는 생활 유형이나 문화를 통틀어 일컫는 개념이다. '참살이'라는 우리말을 쓰도록 권장하기도 하지만 잘 통하지 않는 것이 현실이고.

사전상의 뜻이 아닌 웰빙의 사회적 의미는 물질적 부가 아닌 삶의 질을 강조하는 생활방식을 가리키는 것. 경제적 풍요와 사회적 성공이 최고의 가치이던 지난 시절과 달리 1990년대에 들어서면서부터 삶의 척도는 정신적 풍요와 행복, 자기만족으로 바뀌기 시작했으니, 이러한 의식과 구체적인 행동방식을 일컬어 웰빙이라 하는 것이다.

웰빙의 원산지는 미국이다. 미국의 중산층이 첨단 문명에 대항해 자연주의, 뉴에이지 문화 등을 받아들이면서 나름대로 삶의 대안으로 선택한 것이 웰빙인데 우리나라로 수입된 웰빙은 그 양상이 사뭇 변질된 듯하다. 본래 의도와는 달리 명상이나 요가, 스파와 피트니스 클럽을 즐기면서 유기농이나 전통식을 고집하는 상류층 문화가 웰빙인 것처럼 왜곡된 경향이 있다.

하지만 진정한 웰빙은 몸과 마음, 일과 휴식, 가정과 사회, 자신과 공동체 등 모든 것이 조화를 이뤄 어느 한쪽으로 치우치지 않은 상태를 추구하는 삶의 경향을 말한다. 이러한 웰빙을 추구하는 사람들을 '웰빙족'으로 부르는데, 더욱더 빠른 것만을 추구하는 세상에서 느림의 미덕을 실천하는 웰빙족들이 진정 꿈꿔야 할 세상은 '마음이 풍요로운 사회'인 것.

최근에는 웰빙과 함께 웰다잉(well-dying)에 대한 관심도 높아지고 있다. 웰다잉은 안락사 논쟁에서 촉발된 개념인데 과연 인간으로서 존엄하게 죽는다는 것이 무엇인지, 인공호흡기와 같은 기계적 치료에 의한 무의미한 생명 연장이 꼭 필요한 것인지를 우리에게 묻는다. 잘 죽는 법은 잘사는 법과 함께 살아 있는 동안 인간이 끊임없이 고민해야 할 문제인 것이다.

웰빙 하면 왠지 이기적인 생활방식을 말하는 것 같아, 근데 참살이라는 말은 좋지 않아?

군부와 산업 간의 은밀한 거래

미국은 6개월 간 전쟁을 하지 않으면 경제위기가 오고 1년 간 전쟁을 하지 않으면 경제가 파산한다는 말이 있다. 이것은 농담만은 아닌 실제 군산복합체의 실체를 드러낸 말이기도 하다. 군산복합체란 군부와 방위산업체 사이의 동맹관계를 일컫는 말로 군산공동체라고도 한다. 미국의 대통령 아이젠하워가 1961년 퇴임연설에서 "미국의 민주주의는 새로운 거대하고 음험한 세력의 위협을 받고 있다. 그것은 군산공동체"라고 말한 데서 유래했다. 군산복합체는 대통령까지도 움직이게 하는 검은 손으로, 세계 곳곳에서 일어나는 분쟁의 이면에는 군산복합체의 전쟁 음모가 숨어 있는 것.

사실상 미국의 경제체계 자체가 군산복합체다. 미국의 군수산업체 즉 전쟁용품을 만드는 기업과 미 국방부 그리고 미 의회는 이른바 '철의 삼각관계'인 것. 군은 기업에게 군사기술을 이전해 군수산업을 육성하고 기업은 군에게 병기를, 정부에게는 정치자금과 세금을 제공하며 정부는 해외시장을 개척해 해외에서 기업을 보호하는 역할을 한다. 이렇듯 미국의 정부와 군부, 기업은 묘한 관계로 얽혀 상하 양원 의원들은 자신이 속한 지역구 군수업자들에게 더 많은 예산을 배정하려 아등바등하고 따라서 미국의 군사비는 계속 증가하고 군인들과 군수업자들의 유착 관계는 결코 사라지지 않는 것.

2000년 부시가 대통령에 당선된 뒤 국무장관 파웰이 미국의 군사력 동원을 최소화한다는 정책 즉 '파웰 독트린'을 선언하기도 했으나 부시 행정부는 미국의 군사비를 계속 증액하면서 이라크, 북한 등 제3세계 반미(反美) 국가의 대량파괴무기 확산을 방지한다는 명목으로 전쟁을 일으키거나 물리적 위협을 가하는 한편 자국의 방위산업체 역시 계속 육성하고 있다. 심지어 미국은 그들이 '악의 축'으로 규정한 이들 나라들과도 무기 거래를 하고 있다는데.

군산복합체란 '없는 긴장도 만들어 긴장을 격화시키는' 군사주의 정책의 실체로서 '평화'를 지키려는 노력과는 상극의 개념인즉, 실로 거대한 '음모의 손'이 아닐 수 없다.

평화의 이름으로 전쟁을 즐기는 미 군산복합체의 두 얼굴, 그 위선을 거두게 하라.

지구를 살리자는 국가 간 약속

지구온난화 방지를 위한 최초의 국제협약. 그러니까 각 나라가 지구 온난화 주범인 6가지 종류의 온실가스, 즉 이산화탄소, 메탄, 아산화질소, 불화탄소, 수소화불화탄소, 불화유황 배출량을 규제하기로 약속한 것이 교토의정서다. 교토프로토콜이라고도 하는데 1997년 12월 일본 교토에서 개최된 기후변화협약 제3차 당사국총회에서 채택된 것이다.

국제에너지기구 공식 통계에 따르면 2000년 기준으로 연간 이산화탄소 배출량 상위 10개국은 1위부터 미국, 중국, 러시아, 일본, 인도, 독일, 영국, 캐나다, 한국, 이탈리아 순이다. 교토의정서 비준에 동참한 나라는 우리나라를 포함해 유럽과 일본 등 125개국. 그런데 결정적으로 전 세계 이산화탄소 배출량의 28%를 차지하고 있는 미국은 자국 산업보호를 위해 비준을 거부했다. 이처럼 지구환경에 막대한 영향을 미치면서도 자국의 이익만을 생각하는 강대국의 행태를 가리켜 환경제국주의라는 비판이 제기되고 있는 터. 사실상 근본적으로 살폈을 때 미국과 유럽 국가들의 과도한 소비주의야말로 지구의 재앙이다.

21세기 3대 재앙이 무엇인가? 바로 물 부족, 에이즈, 기아인데, 그 중 물 부족 현상만 보아도 전 세계 11억 명 인구가 안전하게 마실 물조차 없는 것이 현실인데도 미국인들은 아프리카 사람들에 비해 7배나 많은 물을 쓰고 있으며 그 대부분이 먹고사는 것과 관계없는 수영장과 같은 용도라니 이건 완전 어이상실이 아닐 수 없는 것.

게다가 세계화 시대에 국제경쟁력을 높인다고 초국적 기업들이 지구환경을 파괴하고 오염시키는 수준은 점차 심각한 사태로 치닫는데, 이에 따라 자국의 개발이익을 따지며 교토의정서를 거부하고자 하는 나라들이 늘어가고 있는 실정. 여기에 얼마 전 발생한 후쿠시마 원전 사태로 일본이 교토의정서를 이행하지 못할 가능성이 높아지면서 세계 각국의 온실가스 감축계획에도 적잖은 차질이 빚어질 것으로 보인다. 날로 상처가 깊어가는 지구의 안전이 실로 걱정인 것은 환경론자의 주관적 비관일 뿐일까?

교토의정서를 이어받을 '포스트 교토의정서'가 한국에서 태어날지도 모른다는데?

외국인의 이유 있는 한국사랑

한국에 관심을 가지다가 한국이 너무 좋아 아예 한국 땅에 눌러 살고자 귀화하는 외국인들이 늘어나는 추세라는데, 이들이 한국을 사랑하는 이유 중의 하나가 바로 한국적 '역동성'이라고 한다. 늘 살아 꿈틀거리는 사람들의 활발한 기운이 대한민국을 휘감고 있다는 것인데 그 생기가 한국만의 매력이라는 것. 월드컵 당시 붉은 악마의 응원 열기를 보면 이를 알 수 있다.

한류란 1990년대 말부터 동남아시아에서 일기 시작한 한국 대중문화 열풍을 가리키는 말이다. 1996년 한국의 TV 드라마가 중국에 수출되고 곧이어 가요 쪽으로 확대되면서 중국에서 한국 대중문화 열풍이 일기 시작했는데 한류는 중국에서의 한국 대중문화 열기를 표현하기 위해 2000년에 중국 언론이 붙인 용어다. 이후 한국 대중문화 열풍은 중국뿐 아니라 타이완, 홍콩, 베트남, 타이, 인도네시아, 필리핀, 몽골 등 동남아시아 전역으로 확산되었고, 2000년 이후에는 대중문화뿐 아니라 김치, 고추장, 라면, 가전제품 등 한국 관련

[다섯째 어휘군]
사회적·지구적 인간으로 거듭나라

제품에 대한 선호 현상까지 생겨나기 시작했으며, 이러한 한국에 대한 깊은 관심으로 한국어를 배우는 젊은이가 증가했다는데, 중국에서는 이런 젊은이들을 '합한족(哈韓族)'이라고 불렀다. 한류는 이런 모든 현상을 포괄적으로 의미하는 말이다.

그리고 이러한 한류 열풍의 대표적 사건은 이른바 일본의 '욘사마 신드롬'. 욘사마는 배용준을 가리키는 일본어 극존칭이다. 그가 출연한 드라마 〈겨울 연가〉의 인기는 상상을 초월할 정도였는데, 뒤를 이어 지금은 아이돌 가수들의 인기가 급상승중이라고.

이러한 한류의 원인은 무엇일까? 무엇보다 한국의 역동성과 창의성을 꼽는 사람들이 많다. 민족성 자체가 문화산업에 적합하게 예능감이 뛰어난데다 인터넷과 모바일 보급률 등 뛰어난 인프라 덕도 보고 있는 것이라고. 물론 세계화 시대를 맞아 국적보단 실력으로 인정받는 분위기도 한몫 하는 것일 터. 당연하게도 실력이 곧 국력인 것이다.

한류 바람 덕분에 외국 사는 한국 사람들 한국 이미지 덕 좀 본다고 하네.

노인들의 나라
대한민국

고령화사회란 말 그대로 나이 많은 인구수가 전체 인구수에 비해 상대적으로 많은 사회를 말한다. 좀 더 구체적으로 표현하면 전체 인구 중 65세 이상 노인 인구 비율이 7% 이상 되면 고령화사회, 더 나아가 노인 인구 비율이 14%를 넘어서면 고령사회, 20% 이상이 되면 초고령사회라고 부르는 것. 이러한 인구 고령화 현상은 선진국들을 중심으로 점차 빠르게 진행되고 있는 인구통계학적 추세다. 우리나라 또한 이미 2000년에 고령화사회로 진입한 상태인데, 문제는 한국의 고령화 속도가 다른 나라에 비해 무지하게 빠르다는 것. 2018년에는 노인 인구 비율이 14.3%로 고령사회에 진입할 예정이라고 한다.

그렇다면 이런 고령화사회의 문제점은 무엇일까? 평균수명이 긴 나라가 선진국이고 가능한 오래 살고 싶어하는 것은 인간의 소망이기도 하지만 단순히 수명이 늘어난 것이 행복한 삶의 질로 연결되지 않는다는 것이 문제다. 고령에 따르는 질병, 빈곤, 고독, 무직업 등에 대응하는 사회경제적 대책이 고령화사회의 당면 과제인 것. 고령화가 심화되면 국가 성장동력이 급속하게 약화되고 그만큼 잠재성장률도 낮아지게 된다. 소비 및 저축은 감소하고 경제는 침체되며 가족 및 사회의 노인 부양 부담 및 노인 의료비 부담은 증대하는 등 고령화의 영향은 여러 측면에서 나타나게 된다. 고령화의 원인은 당연히 출생률 저하와 사망률 저하에 있는 것이기에 이 문제를 극복하기 위한 기본처방으로 국가적으로는 출산장려정책을 다각도로 시행하고 있는 실정인데.

코엔 형제 감독의 〈노인을 위한 나라는 없다〉라는 영화가 있다. 참으로 웃기고도 슬픈 이 영화는 제목처럼 직설적으로 '노인'을 염려하는 복지영화는 아니다. 다만 노인으로 상징되는 '지혜'라는 것이 아무 쓸모없어진 천박한 시대를 은유한 영화인데, 그렇다면 시시각각 마주치는 삶의 '지금 이 순간'들을 어떤 지혜도 없이 우리는 어떻게 살아내야 하는 것인지.

아무려나, 이제 우리 모두가 해결책을 강구해야 할 지구적 관심은 바로 '노인을 위한 나라를 만드는 것'이 아닐는지.

고령화사회를 맞아 각광받는 산업이 실버산업이잖아. 아직까지는 여기가 블루오션인 거지.

앙심인가 양심인가 그것이 문제로다

내부고발이란 조직구성원이 조직 내부의 비리나 불법행위, 부당행위 등을 대외적으로 폭로하는 행위를 말하는 것. 예를 들어 어떤 식품회사가 불량 재료로 제품 생산하는 것을 직원이 관계기관에 고발하는 행위 같은 것을 말한다. 공무원이 저지르는 각종 비리, 정경유착의 실체, 노동자에 대한 부당 차별, 공공의료기관의 부도덕성 등이 이런 고발대상이 된다. 그런데 그 실제 행위자인 내부고발자는 이후 어떻게 되는 걸까?

내부고발자의 비리 폭로에 대해 조직은 예외 없이 보복 대응을 하는 것이 현실이다. 일반적으로 많은 사람들은 내부고발자가 공익과 조직의 의무를 위해 희생한 순교자라고 생각하지만 내부고발을 당한 기업이나 조직 입장에서는 그것이 개인의 영광과 명예를 위한 '고자질'일 뿐인 것, 즉 개인의 양심에 따른 행위가 아닌 앙심을 품고 저지른 일이라 주장하는 것이다. 이에 국가 등 사회 전체의 이익에 기여할 수 있는 고발행위를 보호하기 위해 세계 각국은 내부고발자를 보호하기 위한 법률을 제정하고 있는 실정이다. 우리나라도 2002년부터 시행중인 부패방지법이 공공기관의 내부고발자 보호에 대한 내용을 담고 있다.

내부고발자는 영어로 딥 스로트(Deep Throat)라고 불리는데 딥 스로트는 워터게이트 사건의 내부고발자 암호명으로 이 사건 후에 고유명사처럼 사용되기 시작한 것. 또 '휘슬 블로어(whistle-blower)' 즉 '호루라기를 부는 사람'이라 부르기도 하는데 이는 영국 경찰이 호루라기를 불어 시민의 위법행위와 동료의 비리를 경계한 데서 생겨난 말이다.

인간의 본능적 정의감인지 불타는 의협심의 소산인지 2007년경에는 아예 내부고발을 전문적으로 다루는 국제 사이트까지 등장했다. 바로 위키리크스가 그것. 위키리크스는 '기밀문서의 흔적이 남지 않는 비검열 시스템'으로 운영되는데 세계적인 대기업비리나 단체 비리를 폭로하는 것에서 시작하다 현재는 각국 정부의 외교국방 문서를 폭로하는 것으로까지 발전했다. 어찌 보면 무분별하게 양산되는 폭로와 고발이 오히려 세상에 대한 불신과 냉소를 부추기는 면도 있지만, 맘껏 폭로하고 고발할 수 있다는 것은 그나마 건강한 사회의 모습 아닐는지.

내부고발자는 회사 내에서야 배신자겠지만 회사 밖에서는 사회 정화자인 거지.

내일이 기대되는 오늘을 만들라

사회생활에서는 신용이 곧 생명인데 신용불량자로 낙인찍힌다는 것은 사회생활의 큰 걸림돌을 만든 격이 된다. 신용불량자란 간단히 말해 은행이나 신용카드사에서 많은 돈을 빌린 후 갚지 못한 사람들을 일컫는 말. 금융회사 대출금이나 신용카드 이용대금 등을 제때 내지 못해 일정기간 대출, 카드 발급 등 각종 금융거래 때 제재를 받게 되는 사람이다.

우리 사회에서 신용불량자는 끊임없이 양산되고 있으며 그 해결책으로 개인파산이 '신용불량의 탈출구'로 각광받고 있는 실정이나 그 까다로운 절차와 소요비용 때문에 이 또한 넘기 힘든 벽이다. 그러다보니 엄청난 수의 신용불량자들은 심지어 장기라도 팔아 돈을 갚아야 하는 것 아닐까 싶을 정도로 극심한 마음고문에 시달리고 있는데, 문제는 왜 이렇게 여러 가지 대책에도 불구하고 신용불량자 수가 줄어들지 않느냐는 것이다. 주제 파악 못하는 소비가 문제인 걸까? 물론 자신의 신용을 말아먹는 소비도 문제이긴 하지만 그보다도 이러한 소비를 부추기는 사회가 더 근본적 문제인 것은 아닐까?

신용 선진국이라는 미국이나 유럽에서도 신용카드 결제는 민간 소비지출의 10~20%에 불과한데 한국은 그 비율이 그보다 두세 배는 높다. 선진국에선 가계수표나 직불카드 등을 사용해 내가 감당할 수 있을 만큼만 소비할 수 있는 환경인 반면 우리나라는 신용카드 회사들이 카드를 남발해 신용카드 남용으로 '외상거래'가 가능하게 만든 것이다.

물론 이것은 '돈'이 최고인 자본주의 사회에서 '돈'을 추구할 수밖에 없는 기업들의 본능적 행태다. 이런 사회구조를 냉정히 인식한다면 진정한 내 삶의 이익이 무엇인지를 숙고하는 지혜가 필요한 것.

사후약방문이라고, 즉 일을 그르친 뒤에 아무리 뉘우쳐야 이미 늦었다는 옛말은 결코 틀리지 않다. 우리말 속담에도 '늦은 밥 먹고 파장 간다' '단솥에 물 붓기'라는 말이 있는데, 이는 장이 끝난 뒤에 가봤자 소용없고 벌겋게 달아 있는 솥에 몇 방울 물을 떨어뜨려봤자 솥이 식을 리 없다는 말이다.

빛나는 한 줄 어휘

학자금 대출로 신용불량자 된 대학생 수가 상당하다는데, 반값등록금은 언제나 실현되려나.

팔팔하기 힘든 청춘의 현실

"지금의 20대 중 상위 5% 정도만이 5급 사무원 이상의 단단한 직장을 가질 수 있고 나머지는 평균임금 88만 원 정도를 받는 비정규직 삶을 살게 될 것이다." 이것은 2007년 발간되어 화제를 모았던 책 《88만원 세대》의 저자 우석훈의 말이다. 88만 원 세대라는 말은 여기에서 나온 것.

88만원 세대에서 88만 원은 우리나라 비정규직의 평균임금인 119만 원에 20대 평균소득 비율 74%를 곱해서 산출한 금액이다. 결국 88만 원 세대란 대학을 졸업한 후에도 정규직이 아닌 비정규직으로 일하는 20대의 평균 임금소득을 통해 미래 불안 속에 사회생활을 시작해야 하는 20대를 은유적으로 표현한 것으로, 우리 사회의 슬픈 자화상, 팔팔해야 할 나이에 결코 팔팔할 수 없는 청춘의 현실을 상징하는 하나의 트레이드마크가 된 것이다.

비정규직은 임금을 적게 주고 해고를 쉽게 하기 위해 등장한 고용 형태로서 정규직과의 차별대우, 저임금에 장시간 노동, 계약기간이 만료되면 더 이상 일할 수 없는 불안고용 등 노동자의 인권을 무시한 고용환경 등을 이유로 노동계로부터 꾸준히 비판받아왔지만 이 문제를 해결하기 위한 노력은 그 결실을 맺는 것이 쉽지 않은 현실이다. 비정규직을 긍정적으로 바라보는 고용주 입장은 이것이 시장 원리에 딱 맞는 다양화된 고용형태라는 것. 시선의 차이가 극명한 문제다. 이로써 비정규직 보호법이라는 것도 만들어졌지만 실제 비정규직을 보호하기에는 아직은 너무도 미약한 법인 것이 현실이고.

사실상 늘어가기만 하는 청년실업의 현실을 풍자한 88만원 세대라는 말은 일본의 '버블 세대'나 유럽의 '천 유로 세대', 미국의 '빈털터리 세대'와 유사한 의미로 볼 수 있는데 우리 사회가 아직까지 보여준 사회적 약자에 대한 참으로 소박한 배려심을 감안하면 직접적인 이들 세대가 피부로 느끼는 자괴감은 훨씬 심각한 수준인 것. 따라서 한국의 여러 세대 중 처음으로 승자독식 게임을 받아들인 탈출구 없는 세대, 88만원 세대를 향한 사회의 진심어린 고민은 끊임없이 진행 중이어야 하는 것이다.

'88만원 세대'란 말은 그야말로 세대논쟁에 불을 지핀 촌철살인 개념임이 분명하지.

너의 괴로움이 나의 즐거움?

'집단 따돌림'을 가리키는 말 '왕따'. 1995년에 '매우, 진짜, 엄청'의 의미로 단어 앞에 '왕~'이라는 말을 덧붙이는 것이 유행했는데, 왕따 또한 당시 유행에 따라 만들어진 말. 사회집단 내에서 무리를 지어 특정인을 소외시키고 반복적으로 인격을 무시하거나 신체적 폭력을 가하는 일체의 행위를 뜻한다. 이러한 집단 따돌림은 사실상 오래전부터 존재해왔던 것인데 90년대 말 일반 회사에서부터 초등학교에 이르기까지 사회 전체에 걸쳐 큰 사회적 문제로 급작스럽게 부각된 것이다.

그렇다면 어떤 사람이 왕따를 당하는 걸까? 직장 내에서 왕따당하는 직원들 유형을 보면 대체로 잘난 척이 심한 사람, 일을 너무 잘하거나 못하는 사람, 아부가 생활화된 사람, 사사건건 참견이 많은 사람, 얄밉게 상사의 사랑을 독차지하는 사람 등을 들 수 있는데, 대개가 조직 내에서 무엇으로든 튀는 사람들이다. 차이와 다양성을 받아들이지 못하는 한국 조직 사회의 경직성을 여실히 반영하는 것이 바로 왕따 문제인 것이다.

이러한 왕따는 한국만의 문제는 아니다. 일본엔 '이지메'라는 것이 있고 중국엔 '링구르'가 있으며 영미권 국가에서는 'bullying, mobbing' 등의 단어가 왕따를 가리킨다. 이지메는 일본 사회의 특징인 획일주의와 집단주의를 배경으로 집단 속에서 튀는 사람들에게 가해지는 심리적 폭력을 일컫고, 미국의 왕따는 총기 휴대가 가능한 그들 문화 때문에 그 결과가 참혹한 인명피해로 이어지는 경우가 종종 있다.

그런데 세계 심리학계에선 한국의 왕따가 가장 악명 높은 것으로 유명한데, 왜일까? 청소년 왕따는 그 폭력성이 사회적으로 심각한 수준이며 왕따로 인한 자살률도 상당한 것. 또한 사회조직에서는 이른바 '코드'를 맞춰 살지 않을 때 받는 불이익이 엄청나다. 이러한 왕따는 개인 간의 문제를 넘어 조직 간 국가 간에도 일어나는데, 참으로 유치한 행태 아닌가 말이다.

청소년기 왕따 경험에서 생긴 트라우마는 사회생활하는 데도 큰 장애가 된다니까.

치사한 권력의 성적 강제

성적 괴롭힘을 뜻하는 성희롱. 이것은 여성운동을 하는 사람들이 여성의 권익을 보호하고자 의도적으로 만든 말이다. 원래 원어는 '섹슈얼 허래스먼트'라고. 그런데 이 말이 번역된 성희롱은 언어 뉘앙스가 부당한 성적 괴롭힘이라는 뜻보다 단순히 성적으로 실없이 놀리는 희롱, 장난처럼 느껴져 본래 취지와 완전 부합하지는 않는 듯하다.

아무튼 형법상 명예훼손죄나 모욕죄에 해당하면 입건될 수도 있는 범죄행위인 성희롱은 직장 등에서 상대방 의사를 고려치 않고 성과 관련된 언동으로 불쾌하고 굴욕적인 느낌을 갖게 하거나 고용상의 불이익 등 유무형의 피해를 주는 행위로 정의된다.

대표적으로 언급되는 직장 내 성희롱 유형은 크게 육체적 행위, 언어적 행위, 시각적 행위로 나눌 수 있는데, 육체적 행위는 입맞춤, 포옹, 뒤에서 껴안기 등의 신체적 접촉이나 엉덩이 등 특정 신체 부위를 만지는 행위 등. 언어적 행위는 음담패설, 외모에 대한 성적 평가나 비유, 회식자리 등에서 무리하게 술을 따르도록 강요하는 행위 등. 또 시각적 행위는 외설적인 사진이나 그림 등을 보여주는 행위, 성과 관련된 자신의 특정 신체 부위를 고의적으로 노출하거나 만지는 행위 등.

사실상 성희롱이 공론화되면서 성희롱이라는 단어가 그동안 드러내놓고 말할 수 없었던 것을 뒤집어 말할 수 있게 해준 힘이 된 것은 우리 사회의 큰 성과로서 긍정할 만하다. 하지만 성희롱 사건이 터졌을 때 사람들 반응을 보면 아직까지도 발생 원인을 따지고 예방책을 마련하는 데 관심을 쏟기보다는 성희롱의 수준과 그 ‘내용’에만 관심을 갖는 것이 큰 문제라 하지 않을 수 없다. 사실상 어느 정도가 성희롱에 해당하는가를 자로 잴 수는 없는 것. 문제는 당사자가 느낀 부당한 수치심의 크기인 것이다.

그리고 또 하나의 문제는 직장 내 성희롱이 문제되면서 직장 내에서 여성과 남성 간 발생하는 모든 문제가 성희롱으로 축약되는 것이다. 분명 본질은 다른 문제일 수 있는데 그 본질을 가리는 데 성희롱이 이용되기도 하는 것이다.

파렴치한 성희롱자들에 대처하고 거꾸로 이들을 능욕하는 여성들의 순발력도 진화하는 것 같아.

집단은 뛰어난 개인보다 힘이 세다

2008년 시청광장을 뜨겁게 달궜던 촛불집회 열기를 해석하는 하나의 키워드, 그것이 집단지성이다. 집단지성은 웹을 통해 뭉쳐진 개인 지성의 합을 일컫는 말. 국민의 의견과 달리 체결된 미국산 쇠고기 수입 협상에 대해 인터넷을 중심으로 자유롭게 의견을 교환하고 토론하면서 이를 반대하는 집회까지 이끌어낸 힘은 집단지성이란 말로 설명이 가능한 것이다.

집단지성이란 개념은 1911년 곤충학자 윌리엄 모턴 휠러가 개미를 관찰하면서 만들어낸 것이다. 휠러는 개미가 공동체로 협업하면서 거대한 개미집을 만들어내는 것을 관찰하다 이를 근거로 개미는 개체로서는 미미한 존재지만 군집으로서는 높은 지능체계를 형성한다고 설명했다.

이후 여러 학자들이 이 개념을 파고들었는데, 제임스 서로위키는 자신의 저서 《대중의 지혜》에서 '평범한 다수가 탁월한 소수보다 현명하다'는 이론을 편다. '특정 조건에서 집단은 집단 내부의 가장 우수한 개체보다 지능적'이라는 것. 또 피에르 레비는 《집단지성》이라는 책에서 '인류가 낳은 가장 강력한 소통체계'인 인터넷에서 개인들은 '인류의 가장 보편적인 지적체계를 낳을 것'이라고 내다봤다. 집단지성은 유사어도 많다. '세계두뇌' '지구촌두뇌' '참여군중' '공공지능' 등. 일찍이 마르크스는 '대중지성'이라는 말을 쓰기도 했다.

　현재 집단지성의 대표적 사례로는 인터넷을 기반으로 한 위키피디아와 웹 2.0을 꼽을 수 있는데 오랜 과거에도 집단지성은 존재했으니 그것은 바로 중국 진나라 때 사론서인 《여씨춘추》다. 이 책이 만들어진 과정은 웹 2.0시대의 집단지성이 활동하는 모습과 유사했다. 정치가 여불위는 지식이 국력이라고 믿고 일종의 지식 집대성 프로젝트를 계획, 각국의 지식인들을 후한 조건으로 불러모아 그들만의 지식을 모두 기록케 했으니 그것이 바로 《여씨춘추》인 것이다. 그리고 상금을 걸고 이 책 내용에 누구라도 수정을 가할 수 있게 했으니 이 책이야말로 진나라판 위키피디아였던 셈이다.

빛나는 한 줄 어휘

요즘 떠오르는 '네티즌 수사대', 과연 추앙받을 집단지성인가 아니면 색다른 군중심리인가.

전쟁과 평화를 보는 또 하나의 시선

대한민국은 휴전국가다. 따라서 한반도에서 전쟁은 언제 일어날지 모르는 일. 누구에게나 전쟁은 두렵고 무서운 것이다. 그렇다면 이 전쟁을 어떻게 막을 수 있을까? 철통같은 안보태세를 갖출 수 있도록 군비를 더욱더 증강시키고 대한민국 남아들은 물론 여자들도 군대에 보내 체력과 정신력을 확고히 무장시키고 감히 우리나라를 넘볼 수 없게 하는 것?

인간 역사는 사실상 전쟁의 역사다. 실로 인간 내면의 숨 막히는 공포와 불타는 적개심을 이용해 폭력과 보복의 악순환이 끊이지 않았던 것이 자고이래로 지구 위의 현실이었다. 사실상 병역거부 행위는 지난 전쟁 시기에 늘 존재했던 것이다. 군대는 전쟁을 수행하는 조직이기에 이기기 위해서는 '적'으로 간주되는 상대방을 거침없이 죽여야 하기 때문. 옛날이라고 그것을 견딜 수 없는 사람이 왜 없었겠는가?

병역 집총(執銃)을 자신의 양심에 반하는 행위로 확신하고 이를 권리로서 주장할 때 양심적 병역거부권, 양심적 집총거부권, 양심적 반전권이라 한다. 양심적 병역거부권은 1776년 미국 펜실베이니아 주 헌법에 규정된 이래 점차 이를 인정하는 나라가 늘어나 여러 국가에서 양심적 병역거부자를 위해 민간대체봉사활동이나 군내 비무장 복무를 법률 또는 사안별 조치를 통해 보장하고 있다. 하지만 현재 우리나라는 양심적 병역거부나 대체복무를 전혀 인정하지 않고 있는 실정.

이에 대한 찬반논란은 늘 이곳저곳을 뜨겁게 달군다. 평화를 위해 전쟁을 준비해야 한다는 입장과 평화를 위한다면 전쟁을 버려야 한다는 입장, 어느 쪽이 평화로 가는 길에 가까울까?

전자는 사실상 '눈에는 눈 이에는 이' 식의 적극적이고 단순한 대응이다. 하지만 실제 전쟁을 막기 위해서 필요한 것은 강한 군사력만은 아닐 듯. 오히려 구체적인 전쟁준비를 통해 전쟁 자체를 사실상의 미래로 간주하는 우리 사회의 군사주의가 전쟁을 부추기는 것은 아닐까?

진실로 전쟁을 멈추기 위해서 전쟁을 수행하는 군인이 되지 않겠다는 것이 양심적 병역거부다. 실제로는 종교상의 이유로 양심적 병역거부를 하는 청년들이 많지만 그 숨은 이념은 그렇다는 것.

빛나는 한 줄 어휘

양심적 병역거부가 하나의 평화운동으로 인식되기에는 갈 길이 아직 너무 먼 것 같군.

다른 삶, 다른 노력을 꿈꿀 자유

대안교육, 말뜻 그대로 하면 '기존 교육을 대신하는 새로운 교육'이다. 일반 학교에서 가르치는 기존 교육은 보편성과 표준화를 중시하므로 학생 한 사람 한 사람의 개성을 살리기에는 부적합하기에 이에 대한 반발로 등장한 것이 대안학교이고 대안교육이다. 대안학교라는 말은 서구 교육계의 '얼터너티브 스쿨(alternative school)'에서 나온 말로 우리나라에서는 억압적인 입시교육에서 벗어나 좀 더 다양하고 자유로우며 자연친화적인 교육을 받을 수 있도록 가르치는 학교를 뜻하는 것.

그런데 기존 학교는 무엇을 그렇게 잘못하고 있는 것일까? 기본적으로는 19~20세기에 전 세계적으로 나타난 개발 중심의 근대적 가치가 학교 현장에도 고스란히 주입된 것이 문제다. 즉 적자생존의 가치가 중시되다 보니 인성개발은 등한시되고 서로간의 경쟁구도로 인한 비인간화가 심각해지고 학교가 지배 이데올로기를 재생산하는 공장시스템처럼 운영되는 것이 문제인 것.

1919년 설립된 독일의 '발도로프 학교'나 1921년 설립된 영국의 서머힐은 세계적으로도 선구적인 대안학교인데, 이들 학교 또한 산업화과정에서 기계부속품으로 전락한 인간성을 '자연'에 가깝게 돌려놓는다는 취지로 설립된 학교다.

국내에서는 1980년대부터 입시지옥을 벗어나고자, 청소년 범죄, 폭력이 판치는 비인간적 학교에 대한 반발로써 대안학교 운동이 본격화되었다. 교육부 인가를 받은 대안학교에서는 학교 특성을 살려 다양한 '특성화' 과목을 가르치는데, 무엇보다 대안학교의 큰 흐름은 '생태론적 교육'이라 할 수 있다. 한국의 대안교육은 기본적으로 상생의 삶, 돌봄의 교육, 자율적 학습, 감성 존중 등과 같은 생태론적 가치들을 수용하고 있는 것.

그런데 이들 대안학교가 그저 기존 교육을 보완하는 수준이 아닌 진정한 대안으로서의 위상을 가지려면 단순히 교육 프로그램이 다르다는 것을 넘어 나름의 튼튼한 대안적 전망이 있어야 할 것이다. 그 전망이란 학생들이 기껍게 내일을 꿈꿀 수 있는 '삶의 의욕'에 바탕을 두어야 함은 물론이고.

😊 **빛나는 한 줄 어휘**

진정한 대안교육은 바로 집에서 부모가 가르치는 홈스쿨링이라는 데 동의하시는가?

지극히 인간적인, 너무도 의로운 기업

모든 기업은 사회적이지 않나? 특별히 사회적 기업이라 함은 무슨 뜻일까? 기업의 목적은 이윤 창출이다. 그런 면에서 사회적 기업도 이윤 창출을 꾀한다. 하지만 목적한 이윤을 사용하는 방법에서 '사회적'의 의미가 탄생하는 것이다. 즉 보통 기업은 발생한 이윤을 대부분 주주가 가져가지만 사회적 기업은 그렇지 않고 그것을 즉시 사회에 환원한다. 애초에 모든 수익의 사회 환원을 목표로 하는 기업이 '사회적' 기업이다.

그렇다면 이런 사회적 기업은 어떻게 태어난 것일까? 1970년대 실업급여, 각종 보조금 등 사회적 서비스에 대한 국민 복지 수요가 늘어나면서 국가는 재정 위기를 겪게 되고, 이에 대한 근본 해결책을 강구하던 중 복지제도 개혁의 일환으로 행해진 것이 사회적 서비스 제공의 사유화 정책이다. 즉 국가 역할을 사기업에게 일부 위임한 것으로 볼 수 있는데, 이렇게 시민사회의 새로운 대안으로 등장한 것이 바로 사회적 기업이다.

비영리조직과 영리기업의 중간 형태로 사회적 목적을 추구하면서 영업활동을 수행하는 사회적 기업의 세계적 사례를 보면, 영양실조에 걸린 어린이들에게 요구르트와 우유를 제공할 목적으로 설립된 요구르트 회사 '그라민다농컴퍼니', 노숙인들의 자활을 돕는 개념잡지 '빅이슈', 빌게이츠의 자금 지원으로 유명한 저개발국 치료제 개발 및 판매기업 '원월드헬쓰' 등이 있다. 국내에서도 재활용품을 수거·판매하며 모두가 함께하는 나눔과 순환의 아름다운 세상 만들기를 꿈꾸는 '아름다운가게', 정신지체장애인의 힘을 모아 우리밀 과자를 생산 판매하는 '위캔', 폐타이어 등 재활용품을 활용해 만든 악기를 통해 소외계층을 위한 공연을 펼치는 '노리단' 등 여러 사회적 기업이 활동하고 있다.

이렇듯 사회적 기업의 사회 환원 방법으로는 사회적 약자를 고용해 비즈니스를 하는 경우, 사업 결과로 발생한 이익을 사회적 약자를 돕는 일에 쓰는 경우 등 다양한 형태가 있는데, 사회적 기업의 정체성을 이루는 데 무엇보다 중요한 것은 확고한 '사회적 목적'과 함께 이를 실현할 수 있는 기업 환경을 마련하는 것이다. 그 바탕에 더불어 사는 세상의 가치가 뼛속 깊이 새겨져 있어야 함은 당연하고.

착한 소비가 유행하고 사회적 기업이 뜨는 걸 보면 인간 심성은 정말 도덕 지향적인 듯.

명품, 그 신기루를 좇는 사람들

일찍이 인간의 과시적 욕망을 간파한 소크라테스는 "사치는 만들어진 빈곤이다"라는 명언을 남겼다. 명품에 미친 사람들은 사치를 향한 끊임없는 갈망으로 결코 채울 수 없는 정신적 빈곤에 시달린다는 것. 이러한 사람을 일컫는 인터넷 신조어 '된장녀'는 2006년 한국을 강타한 유행어로 지금까지 생명을 이어오고 있다. 이는 웬만한 한 끼 밥값에 해당하는 스타벅스 커피를 즐겨 마시며 해외 명품 소비를 선호하지만 정작 자신은 경제적 활동을 하지 않기에 부모나 상대 남성의 경제적 능력에 소비 활동의 대부분을 의존하는 젊은 여성을 비하해서 일컫는 말이다.

그런데 왜 하필 '된장'녀일까? 인터넷을 타고 만들어진 말이니만큼 그 유래에 대해서는 설왕설래가 심하다. '젠장'이 '된장'이 되었다는 주장, 된장을 발라주고 싶을 만큼 꼴불견인 여성이라는 주장, 실제 좋은지 나쁜지도 모르면서 무조건 명품을 선호하는 것이 똥인지 된장인지 구분 못하는 것이라 이를 비꼬기 위한 말이라는 주장,

아무리 명품으로 치장해봤자 된장 냄새나는 존재라는 의미 등 여러 인터넷 학설이 존재하는 것.

사실상 자본주의 사회에서 명품 구입을 비롯한 과시적 소비는 필수적이기까지 하다. 우리 사회가 생필품만을 만들고 쓴다면 경제는 그야말로 거덜나는 상황이 될 테니까. 문제는 과시적 사치의 일상화다. 그리고 그 사치가 나의 경제수준과 상관없이 일어남으로써 생기는 문제인 것이다. 예로부터 '명품'을 갈망하는 우아한 명품족은 늘 존재해왔던 사회부류로 그들에게 명품은 자신의 사회적 부를 과시하는 하나의 적절한 수단이었다. 그런데 여기서 된장녀라 불리는 여성들은 과시할 만한 '부' 없이 단지 '과시'에 대한 욕망만 강하다는 것이 문제다.

최근에는 남성들이 생각하는 모든 부정적인 여성상을 통틀어 '된장녀'라 지칭하기도 하는데, 왜 여성에게만 이런 비호감 언어를 사용하는 것일까? 이에 당연하게도 맞서 등장한 단어가 '된장남'. '된장남' 또한 여성이 생각하는 부정적인 남성상을 통칭하는 표현이다. 아무튼 소크라테스의 말마따나 빈곤함을 스스로 자처하는 생활은 하지 않는 게 좋지 않을까?

빛나는 한 줄 어휘

된장녀, 알파걸, 골드미스, 허세녀 등 여성 이미지는 끊임없이 포장되는 인기 상품.

자발적 가난 혹은 합리적 탈속

도시에서의 삶을 미련 없이 버리고 농촌으로 돌아가 새로운 인생을 시작하는 것을 뜻하는 '귀농' 행렬이 끊이지 않는다. 이 행렬의 주인공들은 누구일까? 도시생활 부적응자? 현실도피자? 이전에는 그랬을지 모르지만 지금은 아니다. IMF 금융위기 이후 생계형 귀농이 하나의 사회적 현상처럼 나타났고, 그 후 2000년대에는 은퇴 귀농자의 전원생활 바람이 한동안 유행했는데 지금은 그 양상이 사뭇 달라졌다. 현재는 귀농자 연령대도 낮아졌고 고학력자나 전문직 종사자, 대기업 출신 귀농자들 또한 많아지고 있으며 귀농을 바라보는 시선 또한 새롭게 바뀌어가고 있는 중이다.

그러니까 마지못한 선택이 아니라 행복한 삶을 위한 기꺼운 선택이 된 귀농, 귀농은 이른바 자발적 가난 혹은 합리적 탈속의 개념이 된 것이다.

이들 귀농 신세대들은 귀농을 꿈꾸는 순간부터 인터넷으로 정보를 공유하는 것은 물론이거니와 뜻 맞는 사람들끼리는 처음부터 일정 지역에 모여 사는 경우도 많다. 이들은 동지적 연대감과 함께 적극적으로 지자체 지원도 이끌어내는 등 이전 귀농 세대보다 시골살이에 더 쉽게 적응한다. 이는 최근 지자체들이 관내 인구 증가를 목표로 적극적인 귀농 지원 정책을 펴기에 가능한 일이기도 하다.

신세대 귀농자들의 생활패턴 또한 다양하다. 농사짓는 것은 기본이지만 지자체에서 귀농자들을 사회복지사나 촉탁 교사, 마을 간사로 활용하는 경우가 많아 사회생활 경험이 풍부한 귀농자들의 재능 기부가 많아진 것이다. 스스로 선택한 삶의 터전에 만족하는 이들은 농촌 체험 프로그램을 만들어 마을에 보급하거나 폐교를 개조해 미술관으로 만드는 등 마을 발전에 주력하는 모습을 보이기도 하는 등 귀농자들에게 귀농은 단지 농사짓는다는 의미가 아닌 행복한 삶의 터전을 일구는 개척정신을 실현하는 일이기도 하다.

그런데 더불어 사는 공동체 생활의 진가를 느낄 수 있는 '농촌생활'이 머릿속 환상이 아닌 실제 현실이 되기 위해서는 무엇보다 현재 내가 가지고 있는 것들에 대한 집착을 놓아버리는 일이 가장 우선되어야 한다. 그러한즉 귀농은 결코 쉬운 삶의 길은 아니다.

엘리트 귀농 시대라고 하는데, 무슨 귀농계급주의도 아니고 말이 좀 거슬리지 않아?

한국어와 영어의 진검승부

엄연한 우리 모국어가 있음에도 영어를 또 하나의 모국어로 사용하자는 영어 공용화론. 영어공용화를 주장하는 사람들의 논리는 무엇일까?

대한민국의 영어공용화를 가장 처음 공론화한 사람은 소설가 복거일이다. 1998년 자신의 책 《국제어 시대의 민족어》에서 세계화를 위해서는 민족주의와 민족 언어를 버려야 한다며 영어공용화를 주장, 이를 반대하는 것은 폐쇄적 민족주의라고 비판했다. 이로써 시작된 영어공용화 논쟁은 차츰 뜨겁게 불붙기 시작했는데, 이를 찬성하는 측 입장은 그 무엇보다 '경제성'을 강조한다. 영어를 공용화하면 영어 사교육비가 줄어들 것이라 전망하는 것이다. 또한 언어란 모름지기 자민족의 필요에 따라 선택할 수 있는 것임을 강조하며 영어가 한국어 어휘나 표현상의 한계를 보완해줄 수 있다고 생각한다. 따라서 오직 한국어만을 공용어로 인정하는 것은 닫힌 민족주의고 국가 발전을 막는 요소가 될 수도 있다고 날을 세우는 것이다.

영어는 오늘날 약 60개국 이상에서 3억 8000만 명 이상이 모국어나 제2언어로 사용하고 있는데, 영어가 현재 위치까지 부상한 데는 미국의 위상이 높아진 것도 관련이 있다. 또한 필리핀, 가나, 나이지리아, 남아프리카공화국 등 영어공용화를 시행하는 나라들은 모두가 영어를 모국어로 하는 국가의 식민 지배를 받았거나 종속적인 관계를 가진 국가들로서 현재 우리나라 영어 열풍과는 현상 자체가 다르다. 우리나라에서 영어는 거의 종교보다 신성한 것으로 추앙받는 실정이다.

영어공용화를 반대하는 측 입장은 영어공용화로 인해 영어 열풍은 더 거세질 것이며 영어로 인한 계층 간 세대 간 위화감도 심해질 것으로 전망한다. 또한 영어공용화로 민족 정체성이 흐려질 수 있음을 우려하며, 만약 중국이 세계에서 가장 강성한 나라로 떠오르면 그때는 중국어공용화를 도입할 것인지를 되물으며 냉소한다. 사실상 언어는 자연에 가까운 것이다. 인공적으로 손을 댈수록 문제만 많아질 뿐 그 효용성은 절대 커질 수 없는 것일지도.

언어로 갈린 세상을 통합하는 것은 하나의 언어가 아닌 각각의 언어가 가진 그 의미의 진정성일 것이다.

영어공용화 실현 중인 대학들, 내용면에서 학업 충실도는 괜찮은 걸까?

소외되고 박해받는 성적 취향

2차 세계대전 당시 나치가 저지른 끔찍한 유대인 학살은 잘 알려져 있다. 그런데 그 유대인 수용소에는 유대인만 있었던 것이 아니다. 잘 알려져 있지 않지만 '이 세상에서 없어져야 할 범죄자'로 분리된 동성애자들도 수천 명이 포함돼 있었다. 성적 취향이 다르다는 것이 어떻게 범죄행위가 되는 것인지. 무엇보다 힘없는 소수인 것이 문제다.

우리 사회에서 성적 다수자는 이성애자다. 성 정체성 즉 성적 이끌림을 남자는 여자에게, 여자는 남자에게 받는 것을 정상이라 여기는 것이다. 성적 소수자는 이와 달리 레즈비언, 게이, 양성애자, 성전환자 등을 일컫는 말로 대중적이지 않은 성 정체성을 갖고 있는 사람들을 가리킨다. 즉 남자가 남자에게, 여자가 여자에게 성적으로 이끌리는 것, 또는 동성과 이성 둘 다에게 성적 관심을 갖는 것, 아니면 아예 다른 성이 되고 싶어하는 것.

사실상 이성애라는 것은 대다수 사람들의 성적 취향일 뿐, 아무리

많은 사람들의 취향이 그렇다고 해도 그 취향이 절대적으로 옳다고 말할 수 없다는 것이 성적 소수자들의 항변이다.

흔히 청소년 시기에 많은 갈등과 방황, 고민을 거쳐 '나는 누구인가'에 대한 자아 정체성을 확립한다고 하는데 이때 '성 정체성'도 함께 확립된다. 그런데 지금 사회는 너무나도 당연하게 '이성애적 성 정체성'만을 인정하기 때문에 자신이 그렇지 못하다는 것을 인식하는 순간 엄청난 죄의식에 사로잡히게 된다. 그리하여 자신의 소수자적 성 정체성을 당당히 받아들이지 못하면 늘 주눅들고 죄책감에 시달리며 숨어지내는 고통 속에 빠져드는데, 물론 이것은 현명치 못한 삶이다.

당당히 자신의 정체성을 인정하고 드러낼 때 자신을 자랑스럽게 여길 수 있고 비로소 행복하게 살아갈 수 있는 것. 이렇듯 자신의 소수자적 성 정체성을 인정하고 드러내는 것을 '커밍아웃'이라고 한다.

모든 '소수자의 길'은 외롭고 힘든 길이다. 하물며 그것이 성적 소수자의 길이라면 기준점 없는 사회적 편견과 대항해야 한다는 것은 실로 하루하루가 고난의 가시밭길일 수밖에.

그렇다면 이들을 향해 사회지배자인 성적 다수자들은 무엇보다 타인의 취향을 존중하는 예의를 갖춰야 하지 않겠는가.

성적 소수자 문제만큼은 남의 말에 휘둘릴 게 아니라 자기만의 의견을 갖는 게 좋을 듯.

핵 없는 사회를 향한 대장정

'반핵'이라 하면 핵무기 사용 반대 및 방사능 오염과 다양한 환경 파괴를 일으키는 원자력발전소의 건설을 반대하는 운동을 말하는 것. 그런데 이제는 '탈핵'이다. '탈핵'이라 함은 '에너지 소비를 줄여 원전을 정지시키자'는 반핵운동의 새 트렌드를 지칭한다. 바야흐로 세계가 '원전은 안 된다'는 구호를 지닌 '반핵'을 넘어 '원전을 벗어나자'는 구호를 담은 '탈핵'의 시대로 가고 있는 것이다.

지금까지 환경론자들은 무조건적인 '원전 OUT'을 외쳐왔는데, 이러한 구호로는 더 이상 시민을 설득하는 데 한계가 있다는 점을 절감하고 좀 더 현실적인 대안을 내놓았으니, 에너지 수요 절감을 통한 탈핵을 외치는 주장이 설득력을 높여가고 있는 것이다. 그러니까 시민이 나서 에너지를 절감하고 이를 바탕으로 원자력 발전소 의존도를 줄여나가자는 것인데, 원전을 반대하는 게 아니라 원전에서 벗어나자는 주장은 더욱더 많은 사람들의 공감을 얻을 수 있을 것이다.

이러한 인식의 전환에는 일본 후쿠시마 원전 사고가 큰 계기가 되었음은 물론이다. 이 불행한 사건은 전 세계 사람들이 핵발전소의 위험성을 다시 자각하는 계기가 되었으니, 독일에서는 모든 핵발전소를 2022년까지 폐쇄하겠다는 법안이 통과되는 등 세계적인 탈핵 움직임을 가속화시켰다. 그런데 유독 우리나라만은 지금껏 핵 발전 확대 정책을 유지하고 있어 시민들 의식과 정부 의지 사이의 간격이 상당한 실정. 하지만 탈핵을 핵심 가치로 한 녹색당이 창당되는 등 한국 사회에서도 탈핵의 대장정은 시작되고 있다.

그런데 탈핵의 길은 어떻게 열어가야 하는 것일까? 사용 전력의 30%에 달하는 핵발전소를 없애고도 과연 우리는 전기를 안정적으로 사용할 수 있을까? 햇빛, 바람 등을 이용한 재생 가능 에너지만으로 핵발전소를 모두 대신할 수 있을까? 사실상 꼬리에 꼬리를 무는 이러한 궁금증에 대한 해결책을 찾아가는 과정이 바로 탈핵의 과정이다. 여기에는 우리보다 먼저 탈핵의 길을 나선 외국 사례와 국내 탈핵 전문가들의 집념이 큰 디딤돌이 될 것이다. 문제는 발상의 전환일 뿐.

생활 속에서 에너지 절약을 실천하는 게 바로 탈핵으로 가는 길의 시작이라고.

전문가 못지않은 열정의 외골수

오타쿠란 한 가지 일에만 병적으로 집중하거나 집착하는 사람 혹은 특정 분야에 전문 지식을 가진 마니아적 성향을 지닌 사람을 뜻한다. 1983년 일본에서 처음 사용된 '오타쿠'는 원래 '당신' 혹은 '댁'이라는 의미의 이인칭 대명사로 상대편을 높여 부르는 말이었다. 만화나 애니메이션, 게임과 컴퓨터 등 관심 있는 대중문화 분야에서 동일한 취미를 가진 사람들이 동호회에서 만났을 때 서로 예의를 지키고 존중하는 태도로 상대방을 호칭하는 말이었던 것.

그렇게 새롭게 부상한 오타쿠들은 대중문화에 대한 인식을 바꿔 놓기도 했다. 오타쿠적 요소가 담긴 만화, 애니메이션, 게임 등이 큰 인기를 얻자 그동안 변방에 위치해 있던 대중문화의 중요성이 부각되며 평가도 달라졌던 것이다.

그런데 '마니아'가 열정이 강조된 긍정적 호칭인 반면 '오타쿠'는 마니아에 비해 상대적으로 부정적인 맥락에서 사용되기도 한다. 집

안에서 혼자만의 취미에 몰두해 있는 폐쇄적인 사람을 가리키기도 하는 것이다. 우리나라에서는 오타쿠에서 파생된 '오덕후'란 말도 유행하는데, 오덕후는 오타쿠의 본래 의미와는 달리 일본 애니메이션 마니아들을 비하하는 뜻으로 사용된다. 이 말을 더욱 간결하게 줄인 '덕후'라는 말도 있으니, 이것은 살찌고 게을러 보이는 외모를 조롱하는 말이다.

그러고 보면 일본산 신조어들은 사회흐름을 꽤나 적확하게 포착하기도 하는데, 그렇다면 가장 최근의 신조어는 무엇일까? 2011년 이후 일본 젊은이들 사이의 최대유행어는 바로 '모테키'. 모테키는 '잘나가는 시기(モテる時期)'의 줄임말로 2008년 쿠보 미츠로가 연재한 만화 제목이다. 30세를 눈앞에 둔 '초식남'이 어느 날 갑자기 인기를 얻게 된다는 내용. 남성다움을 내세우지 않고 이성과 연애에 소극적인 초식남들에게도 희망의 시대가 왔으니 이제 우리 모두 '잘나가자'는 희망의 메시지다.

이러한 희망의 시대엔 부정적 의미로 통용되던 오타쿠 또한 어느새 전문가 뺨치는 식견을 갖춘 아마추어라는 찬사를 받게 된다.

오타쿠 같은 열정만 있어도 이런 일쯤 쉽게 해결할 수 있을 텐데……

경제 효율성, 이것만이 최선의 가치인가

구조조정이란 우리 사회에서 이제 너무 흔하게 듣는 말이 되었다. 그 기본 뜻이라면, 기업의 불합리한 경영 구조를 개편해서 경제적 효율성을 높이는 것. 영어로는 'business restructuring'이라고 한다. 'restructuring'이 구조조정의 뜻으로 쓰인 것은 1981년 미국 레이건 대통령의 경제정책에서부터이고, 국내의 경우 1997년 IMF 경제체제에서 이 말이 본격 등장했다.

사업구조조정의 목적은 부실기업이나 비효율적인 조직을 효율적인 사업구조로 개편하는 것이다. 즉 성장력이 부족한 사업 분야를 축소 또는 폐쇄하고 중복 사업을 통폐합하는 등의 방법은 수동적 구조조정이고, 국내외의 유망기업과 제휴해 새로운 기술을 개발시킨다거나 전략적으로 다른 사업 분야와 공동사업을 추진하는 방법 등은 적극적 구조조정이다.

IMF 이후 한국 사회에는 한때 구조조정 열풍이 불었다. 이로써 안정된 평생직장 개념이 사라졌고 정년을 보장하는 공무원에 대한 인기는 고시 열풍으로 이어져 수많은 고시폐인들을 양산했다. 이러한 사회현상에서 직장에서 쫓겨난 중년을 빗대는 사오정과 청년 실업자를 일컫는 이태백 같은 자조적 유행어도 생겨났으니, 아무래도 한국 사회에서 구조조정이란 말은 부정적 의미가 강한 셈이다.

그런데 구조조정과 같은 삶의 위기를 맞았을 때 대처방안은 무엇일까? 스티브 도나휴의 《사막을 건너는 여섯 가지 방법》이란 책이 있다. '위태롭고 안타까운' 삶의 순간순간을 이겨내는 지혜가 가득한 이 책에서 제시한 위기대처 방법을 보자. 그 첫 번째는 "지도를 따라가지 말고 나침반을 따라가라"는 것. 나침반은 길을 잃었을 때 방향을 찾아줄 뿐 아니라 우리를 더 깊은 사막으로 이끌어주며 우리가 목적지보다 여정 자체에 중점을 둘 수 있게 해준다.

그리고 "모래에 갇히면 타이어에서 바람을 빼라"는데, 사막에서는 타이어 바람을 좀 빼면 구덩이를 빠져나오기 쉽단다. 그처럼 삶이 정체된다고 느껴질 때는 자신만만한 '나'의 자아에서 공기를 조금 빼내야 다시 앞으로 나아갈 수 있다는 것.

'무엇을 잃든 대신 다른 것을 얻었고, 무엇을 얻든 대신 다른 것을 잃었다'는 말이 있지!

<찾아보기>

가루지기 88

견강부회 200

경국지색 182

고령화사회 220

과거사 청산 128

교토의정서 216

구조조정 252

국가보안법 210

군산복합체 214

귀농 242

극락왕생 26

금병매 80

금상첨화 186

내부고발자 222

다문화가정 208

대안교육 236

대장정 116

도원결의 192

동북공정 130

동학사상 38

된장녀 240

만다라 58

맹모삼천지교 56

메이지유신 154

무릉도원 82

무위자연 10

문화대혁명 126

물아일체 20

미봉책 178

미인계 70

민족주의 48

배수진 170

백가쟁명 114

백안시 172

백척간두 198

백팔번뇌 14

분서갱유 124

붕당정치 120

사기 148

사무라이 정신 50

사서삼경 146

사오정 76

사이비 66

사주팔자 96

사추기 98

사화 156

사회적 기업 238

삼국지 74

색즉시공공즉시색 202

서경천도운동 118

서유견문 138

서유기 72

설국 92

성적 소수자 246

성희롱 230

손자병법 84

수호지 78

식민지 근대화론 132

신용불량 224

신춘문예 94

심우도 24

아수라장 60

아큐정전 90

아힘사 42

야단법석 64

양심수 160

양심적 병역거부 234

열녀 102

염화미소 168

영어공용화 244

오리엔탈리즘 52

오십보백보 164

오타쿠 250

옹고집 86

왕따 228

요가 40

우파니샤드 46

웰빙 212

유언비어 190

음양오행 30

이웃종교 152

이판사판 62

인의예지 18

일본군위안부 150

일월성신 32

일체유심조 16

자가당착 194

자충수 180

정한론 136

제자백가 112

주역 44

주체사상 140

중용의 도 22

중화사상 28

지역감정 142

집단이기주의 106

집단지성 232

천리안 174

천상천하유아독존 12

천자문 100

철옹성 68

촌철살인 196

춘추전국시대 110

탈핵 248

탕평책 122

통섭 104

파죽지세 176

파천황 184

팔만대장경 144

풍수지리 34

필요악 204

한류 218

홍익인간 36

화룡점정 188

활빈당 134

흑백논리 166

4·19혁명 158

88만원 세대 226